希腊文明3000年

文聘元 著

浙江教育出版社·杭州

图书在版编目（CIP）数据

希腊文明 3000 年 / 文聘元著 . -- 杭州：浙江教育出版社, 2024.10. --（中西方文明互鉴丛书）.
ISBN 978-7-5722-7998-0

Ⅰ . K125

中国国家版本馆 CIP 数据核字第 2024QU6508 号

责任编辑	鲁　庚	美术编辑	曾国兴
责任校对	陈德元	责任印务	曹雨辰
封面设计	尚书堂		

希腊文明 3000 年
XILA WENMING 3000 NIAN

文聘元　著

出版发行　浙江教育出版社
　　　　　（杭州市环城北路 177 号　电话：0571-88909729）
印　　刷　杭州钱江彩色印务有限公司
开　　本　710mm×1000mm　1/16
成品尺寸　155mm×230mm
印　　张　15.5
字　　数　250000
版　　次　2024 年 10 月第 1 版
印　　次　2024 年 10 月第 1 次印刷
标准书号　ISBN 978-7-5722-7998-0
定　　价　72.00 元

如发现印装质量问题，影响阅读，请与承印厂联系调换。
电话：0571-86603835

目 录
Contents

第一章　从美丽的传说到真实的历史 ………………………… 001

　　特洛伊战争与远古的希腊 ……………………………………… 002

　　发现特洛伊 ……………………………………………………… 005

　　发现迈锡尼 ……………………………………………………… 007

　　发现迷宫 ………………………………………………………… 008

　　真正的希腊史 …………………………………………………… 009

第二章　雅典和斯巴达 ………………………………………… 011

　　勇敢而奇特的斯巴达人 ………………………………………… 011

　　智慧而傲慢的雅典人 …………………………………………… 015

第三章　西方历史上第一次大征服 …………………………… 021

　　统一希腊 ………………………………………………………… 021

　　毁灭波斯 ………………………………………………………… 022

　　征服印度 ………………………………………………………… 026

第四章　古希腊哲学的初级阶段 ……………………………… 029

　　神秘的毕达哥拉斯 ……………………………………………… 030

　　火一样的赫拉克利特 …………………………………………… 033

了不起的预言家德谟克利特 ··· 036

第五章　西方历史上最有名的死刑 ··· 038
　　生活中的苏格拉底 ··· 038
　　苏格拉底之死 ·· 042

第六章　古希腊哲学的黄金时代 ··· 046
　　柏拉图的理想与理念 ·· 046
　　对西方文明影响最大的人物 ··· 053

第七章　西方文学的萌芽 ·· 066
　　天与地的起源 ·· 067
　　诸神的传说 ··· 070

第八章　古希腊文学的主角 ·· 075
　　人类诞生的故事 ·· 075
　　半神半人的英雄 ·· 077
　　最伟大的英雄 ·· 080

第九章　古希腊文学的第一经典 ··· 089
　　特洛伊战争的起源 ··· 090
　　战争的准备 ··· 095
　　战争的爆发 ··· 100
　　阿喀琉斯的愤怒与死亡 ··· 104
　　战争的结局 ··· 112

第十章 不朽的悲剧 ······ 117

埃斯库罗斯与《奥瑞斯提亚》 ······ 118
索福克勒斯与《俄狄浦斯王》 ······ 124
欧里庇得斯与《美狄亚》 ······ 131

第十一章 远古时期的希腊艺术 ······ 139

克里特岛上的迷宫 ······ 139
迈锡尼人的艺术 ······ 145

第十二章 走向黄金时代 ······ 150

三尊雕像与三大步 ······ 150
绘画与陶器的奇妙融合 ······ 153

第十三章 古希腊艺术的黄金时代 ······ 160

古典期的雕刻 ······ 161
越来越美的女神像 ······ 167
古典期的绘画 ······ 173

第十四章 神庙与卫城 ······ 180

神庙的结构 ······ 180
神庙的雕刻 ······ 183
雅典卫城的整体结构 ······ 185
帕特农神庙的装饰艺术 ······ 186

第十五章　何处是宇宙的中心 … 189

融为一体的哲学与科学 … 189

原始的"日心说" … 193

古希腊天文学的主体 … 194

最伟大的天文学家 … 196

第十六章　从欧几里得到阿基米德 … 200

欧几里得是伟大的建筑师 … 200

充满传奇的阿基米德 … 207

也许是有史以来最伟大的数学家 … 212

第十七章　希腊地理 … 216

多山的陆地与多岛的海洋 … 217

适宜文化创造的气候 … 221

第十八章　现代希腊 … 236

希腊人的种族、教育与语言 … 236

相对落后的经济 … 239

希腊的政治 … 240

第一章

从美丽的传说到真实的历史

很久很久以前，亚洲西部有个叫腓尼基的国家，国王有个美丽的女儿叫欧罗巴，万神之王宙斯看上了她。

有一天，欧罗巴与几个女伴来到海边玩耍，突然看见一头漂亮又强壮的公牛向她跑来，并像只温柔的小猫那样蹲在了她的身边，它的毛像金子一样闪闪发光，双角像轮弯弯的新月。她像所有顽皮又勇敢的少女一样，快活地叫了起来，飞身跳上这头如小猫般温柔的公牛。她以为公牛会驮着她在海滩漫步，但她真是太天真了，她一跳上背，那公牛就飞奔起来。欧罗巴吓得花容失色，只好死死抱住牛背。

不知驮着她跑了几千几万里后，公牛终于停下来，摇身一变，变成了万神之王宙斯。他对哭泣的姑娘说："亲爱的，你不要哭泣，你的名字将成为不朽，因为我要把这片土地叫作欧罗巴！"

这就是欧罗巴洲名字的来源，欧洲就是欧罗巴洲的简称。

特洛伊战争与远古的希腊

希腊现在的英文是"Greece",应该译作"格里斯",怎么译作"希腊"了呢？

原来,很早以前,当意大利人开始向外扩张时,到了巴尔干半岛,在密林里遇到"格里埃奇人",他们是古代希腊人的一支,此时这支希腊人已经拥有发达的文明,而这些意大利人还十分落后,希腊人的文明令他们自叹弗如。

他们退回意大利后,就把住在巴尔干半岛南部的希腊人统称为"格里埃奇人"。虽然希腊人自古就有了"希腊人"（Hellas）这个称呼,但是意大利人并不知道。后来罗马人强大了,建立起强盛的罗马帝国,但仍然称希腊人为格里埃奇人。其他国家也效法罗马人,久而久之,"格里埃奇"就成了对希腊的称呼,本来的名称"希腊"反而没人叫了。

后来说日耳曼语的英国人将"格里埃奇人"这个称呼从拉丁语移用到了他们自己的语言里,又变了样,成了"Greece"。这就是英语里把希腊称为"Greece"的原因。但希腊人自己可不认同,他们仍称自己为"希腊人",称他们的国家为希腊共和国。中国尊重希腊人民,也把他们称为"希腊人",就是"Hellas"的汉译,而没有照英语把希腊人译作"格里斯人"。

希腊的北面是马其顿,南面是茫茫大海。这片大海被欧洲、非洲与亚洲紧紧包围,像被塞在大块陆地的中间一样,所以叫地中海。

地中海一年四季碧波万顷,少有惊涛骇浪,便于航行,希腊人很早以前就开始借着这片大海四处讨生活了,换种说法就叫"殖民"。希腊人在其东部的小亚细亚半岛、西部的意大利南部建立了许多殖民地。

这些殖民地是一座座城市,它们通常比母邦富有,也不怎么爱母邦。

有时它们之间还大打出手，著名的特洛伊战争就是这样发生的。

特洛伊战争是怎么回事呢？这还得从三个女神说起。

俗话说，爱美之心，人皆有之，"神"也不例外。传说有一天，天后赫拉、智慧女神雅典娜、爱神阿佛洛狄忒（古希腊人对爱神的称呼，在罗马神话中她叫维纳斯，实际上指同一个神）聚到了一起。这三位女神在奥林匹斯山上聊着聊着，就开始吹嘘起自己的美貌，都说自己是最美丽的女神，三个人谁也不服谁。于是，她们决定请个人来当裁判。这时，帕里斯来了，他是特洛伊国王普里阿摩斯最小的儿子，一个十分英俊的小伙子。

三位女神像捡到宝一样，围了上来，争着向帕里斯抛媚眼，搔首弄姿，都想让帕里斯说自己最美。可帕里斯只是看看这个，瞧瞧那个，怎么也说不出谁最美来。雅典娜不愧是智慧女神，眉头一皱，计上心头，她把帕里斯拉到一边，说："帕里斯，你知道我是谁吗？我就是专管智慧的雅典娜，你要是说我最美，我就让你拥有天下最聪明的脑袋！"她想这小子四肢发达，头脑简单，肯定希望脑子也聪明一点。帕里斯果真中计了，张口就要说雅典娜最美。这时，一只纤纤玉手悄悄蒙上了他的嘴，原来是天后赫拉，她怎么会不知道雅典娜的鬼主意，于是她将帕里斯拉到一边，说："帕里斯，你真傻，要智慧有什么用呢？你看普天之下的君王，他们的臣子哪个不比他们聪明？可他们高高在上，威权赫赫，哪个臣子不匍匐在他们面前？要是你判我为最美的女人，我将令你权倾天下，成为一国之君。"帕里斯一听，觉得很有道理，于是就要将天后赫拉判为最美丽的女人。此时，一直在旁边冷笑的爱神阿佛洛狄忒开口了，她说："帕里斯，请你先听一听我的道理，再作评判。请你闭上双眼，认真想想看，在一切你所渴望的东西之中，你最想要的是什么？是聪明头脑，还是王权赫赫？它们虽然诱人，但审视心灵深处后你会发现，你最渴望的是一个美丽的妻子——我将给你的正是这个,只要你判我是天上最美的女神,我将给你人间最美的女人。"

帕里斯一听,如梦方醒,毫不犹豫地将"最美丽的女神"称号授予了爱神阿佛洛狄忒,奖品是一只金苹果。

这件事就是特洛伊战争的祸根。后来,爱神阿佛洛狄忒履行自己的诺言,在帕里斯去斯巴达时,用神力让斯巴达王的妻子爱上了帕里斯,使她离开了夫君,悄悄跟着帕里斯私奔到了特洛伊。

这斯巴达王的妻子就是人间最美丽的女人——海伦。

为了报夺妻之恨,斯巴达王墨涅拉俄斯去找他的哥哥、全希腊最强大的城邦迈锡尼和阿尔戈斯的王阿伽门农寻求帮助。阿伽门农得知事情原委后大怒,很快召集全希腊的勇士前去讨伐特洛伊。特洛伊人奋起抵抗,由此爆发了长达十年的特洛伊战争。《荷马史诗》就是对这场古代西方最著名战争的记录。

几千年以来,欧洲人包括希腊人自己,虽然从小听着特洛伊战争的故事长大,但都认为《荷马史诗》是虚构的,从没想过历史上真有这回事,也没人去找特洛伊城,就像我们中国人不会去北京城里找大观园一样。

这是为什么呢?主要是因为《荷马史诗》里所描写的希腊在很早以前就消失了,迈锡尼等城市也早就淹没在萋萋荒草丛中,留下的只是一部文学作品,而这也导致了人们将《荷马史诗》当作与历史事实无关的神话。

但现在我们知道,《荷马史诗》所描述的一切,包括那些城市与战争,除了众神的事迹,大多是真实的历史。

将《荷马史诗》由美丽的传说变成真实历史的人就是海因里希·施里曼。

发现特洛伊

施里曼出生在德国北部，父亲是牧师，家境贫寒。他像很多欧洲人一样，从小爱读《荷马史诗》，听惯了特洛伊的故事，知道特洛伊的王普里阿摩斯十分富有，阿伽门农的迈锡尼城里也有数不清的金银财宝。小施里曼对史诗里所说的每句话都信以为真，发誓要找到特洛伊，发家致富，摆脱贫穷。

长大后，施里曼没有上学，而是到隔壁村子的一个杂货店里当学徒，学做干奶酪和梅子生意，但不久后，他便觉得做这生意一辈子也发不了财，于是，就像当时大多数热血青年一样，他漂洋过海前往南美洲。他在船上做服务员，这样就不用买船票了。

施里曼去南美洲也是为了金子，那时欧洲人都知道南美曾有一个印加帝国，在今天的秘鲁，是有名的"黄金之国"。1533年，西班牙人皮萨罗征服它时，曾经将印加的末代皇帝关在一间大屋里，命令印第安人用黄金填满这间屋子。可惜的是，施里曼没有皮萨罗的运气，他的船没有到达"黄金之国"，而是沉到海里去了。他只好回到欧洲，在阿姆斯特丹一家商行里帮人记账糊口。但他没有放弃自己的理想。他用晚上的时间自学外语，一口气学了八种，其中包括俄语。后来，他的老板便将他派到俄国的圣彼得堡，他到那里后不久便自己开了公司。恰在这时，克里米亚战争爆发，战争双方一方是俄国，另一方是奥斯曼帝国、英国、法国等。施里曼抓住这个机会签了许多军事合同，发了一笔"战争财"。战争刚结束，又有人在美国西部的加利福尼亚发现了金子，掀起了有史以来最疯狂的淘金热，他便毫不犹豫地加入了淘金者的队伍，又发了一笔财，终于成为百万富翁。

发家致富的梦想成真之后，他又想起了另一个更遥远的梦想——找到特洛伊，于是他回到了欧洲。

施里曼先到了当时奥斯曼帝国的首都君士坦丁堡。他曾经与土耳其人做过生意，知道想在那里办成事首要的不是产品，而是与官方的关系，只要同官僚们搞好关系，什么生意都做得成。于是，他大把大把地给奥斯曼帝国的官僚们送钱，得到了进行考古挖掘的"通行证"。

至于为什么要从奥斯曼帝国弄"通行证"，原因很简单，特洛伊虽然在千年前是希腊的一个城市，但现在这块地盘属于奥斯曼帝国。

施里曼来到小亚细亚西部，靠近爱琴海的地方，但去哪里发掘呢？他知道有个法国学者勒舍瓦里曾经说古代特洛伊就在现在一个叫布纳尔巴希的村子。他到了那里后，却发现那里的地形与《荷马史诗》所说的完全不一样，不可能是古代特洛伊的所在地。例如《伊利亚特》里说，一天之内希腊战士可以在自己的海边军营与特洛伊城之间往返几次，他们甚至可以听到特洛伊人悠悠的长笛声。这说明特洛伊距海不远，布纳尔巴希却离大海足有13千米之遥，而且布纳尔巴希周围有好多悬崖峭壁，这样的话，那被阿喀琉斯追得落荒而逃的赫克托尔怎能绕着特洛伊城兜圈子呢？

施里曼断定特洛伊肯定不在这里，他便在小亚细亚半岛的爱琴海沿岸漫游起来，后来到了一个叫希萨尔雷克的小山脚下，他立即发现这里就是特洛伊的所在地，因为它的地理位置、周遭环境与《荷马史诗》所写的简直一模一样！

施里曼开始发掘，他在这座不起眼的小山上一共找到了七座城市。这些城市不是一座挨着一座，而是叠罗汉般一座压在另一座上面，每座城市都是前一座被毁灭之后在它的废墟上建立起来的。在第二层，他发现这里宽阔的大街上到处铺满了灰烬，他认为这就是在大火中被烧毁的特洛伊城，不久他又在那里找到了巨量的金银珠宝。联想起《荷马史诗》

所写的大富翁普里阿摩斯，他更确信——这里就是特洛伊了。

但施里曼到死都不知道他所发掘的"特洛伊"与发生特洛伊战争的地方远着哩！不是空间上的远，而是时间上的。他认为找到的"特洛伊"实际上是比真正的特洛伊早得多的、当时还完全不为人所知的另一种文明。

施里曼死后，他的助手费尔德继续主持发掘，并写了一本叫《特洛伊与伊里翁》的著作，将发掘的城市分成九层，它们是九个一层叠一层的城市，他认为发生特洛伊战争的地方是第六层。费尔德与施里曼不一样，他是一名训练有素的考古学家，他的分层是正确的，但特洛伊不在他所说的第六层，而在第七层，更精确地说是在第七层的初期。这里才是真正的普里阿摩斯与帕里斯的特洛伊，是阿喀琉斯把赫克托尔追得狼狈不堪、最后被箭射死的地方，是世上最美丽的女人海伦曾经生活过十年的地方，是最后被狡猾的希腊人用木马计打败并化为灰烬的地方。

因为考古学家们发现，这座一度辉煌的城市于公元前1200年左右被一场大火毁灭！

发现迈锡尼

特洛伊战争中的一方是以普里阿摩斯为代表的特洛伊，另一方则是以阿伽门农为统帅的希腊盟军。阿伽门农是迈锡尼的王，迈锡尼是古希腊最强大的城邦。

找到"特洛伊"后，施里曼风尘仆仆地来到希腊，想要发掘迈锡尼。

与特洛伊不同，迈锡尼是不用去找的。因为《荷马史诗》所说的巍峨、庄严的迈锡尼的狮子门，虽然历经了两千余年的风吹日晒，依旧傲然挺立在伯罗奔尼撒大地。

古希腊有一个旅行家叫波桑尼阿斯，他在一千多年前曾经到过迈锡尼，看了狮子门，后来写了本《希腊纪行》，施里曼就像相信《荷马史诗》一样相信波桑尼阿斯。

在古希腊的神话传说中，阿伽门农在灭了特洛伊回国后，被他的妻子和奸夫谋杀。所以波桑尼阿斯说，在迈锡尼城内城外都有古墓，但城内才是阿伽门农的墓。施里曼来时，迈锡尼的城内城外都有古墓，他相信波桑尼阿斯，就没理睬城外的古墓，而专心在城内的古墓挖起来。结果发现了五座古墓，里面有五位古代的英雄们。施里曼相信这五位英雄就是阿伽门农王和他的朋友们，其中一个人身材特别高大，骷髅旁边放了大量青铜武器，他断定这就是伟大的阿伽门农。

这些人的遗骸旁边还有许多盔甲、酒杯、饭碗、小饰品，甚至有能戴在整张脸上的大面具，而且这些东西都是金子做的！这更加印证了施里曼的想法：这些墓就是古希腊英雄的。因为《荷马史诗》早就说过迈锡尼人有很多金子。

和特洛伊一样，施里曼找到的并不是古希腊英雄的墓，而是另一些希腊王公贵族的墓，他们比阿伽门农早了足足三四百年！

除了施里曼，对古希腊考古贡献最大的是英国人伊文思。

发现迷宫

本书开篇讲过欧罗巴的故事。但那个故事还没有完，宙斯劫走欧罗巴后，把她安置在以她名字命名的地方，就是今天的欧洲，还与她生了好几个儿女，其中有一个叫米诺斯，后来成了英明的统治者。

米诺斯统治的地方是克里特岛。美丽的克里特岛位于希腊半岛南面，一度繁荣昌盛。但后来也像特洛伊与迈锡尼一样，消失在断垣残壁之中，直到伊文思使它重见天日。

伊文思出生在富裕家庭，家中收藏了许多古物，他从小受到良好的教育，从事考古发掘前曾在牛津的博物馆当过多年文物保管员，后来他决心向施里曼学习，到外面的世界去探索考古，他的目的地是施里曼尚未发掘的古希腊另一座大城——克诺索斯。

传说，雄伟的克诺索斯城是米诺斯王建立的，他还令代达罗斯（相传他是古代西方的鲁班）在城里建造了著名的"迷宫"。"迷宫"用来关他妻子与一头牛生的儿子——一个牛头人身的怪物弥诺陶洛斯。

伊文思的发掘很成功，找到了大量文物。他把发现的所有文物分门别类地整理好，甚至把宫殿都复原了，王宫中满是富丽堂皇的壁画。后来他将这些发现写成了一本书，叫《克诺索斯的米诺斯王宫》，足有四大卷。

伊文思认为克里特文明是欧洲文明乃至整个西方文明的真正源头，它从公元前3000年一直延续到公元前1200年，此后它神秘地消失了。在伊文思发掘它们之前，好像不曾存在过一样。

真正的希腊史

在施里曼之前，欧洲的历史被认为是从柏拉图与亚里士多德时代的希腊开始的。施里曼的考古发掘使人们明白，柏拉图与亚里士多德时代的希腊人绝不是最先登上古代西方文明舞台的，早在雅典人为雅典卫城奠基的上千年前，特洛伊人、迈锡尼人与克里特人就已经建立了高度发达的文明社会，拥有了文明社会所应有的一切：文字、法律、规模宏大的宫殿、精美的艺术。

那么，古希腊的历史究竟是怎样分期的呢？简单来说，可以分成以下五个时期：

第一个时期叫爱琴期。

这实际上是西方文明的"史前期"，它比米诺斯文明还要早。

大约距今 6000 年前，已经有人在爱琴海地区居住，他们起先使用磨制石器，后来又用上了铜器和青铜器。人们生活在爱琴海一带，即从小亚细亚半岛直到克里特的辽阔土地，延续了大约 4000 年之久。

第二个时期就是克里特岛上的米诺斯时期了。

在这个时期，米诺斯王控制着爱琴海地区，拥有先进的文明，它从公元前 2000 年左右开始，延续了五六百年，创造了"克里特文明"。

第三个时期是迈锡尼时期。

迈锡尼的发展据说是建立在它的先人衰亡的基础上的。与米诺斯时期的海洋民族克里特人不一样，迈锡尼人是生活在希腊半岛上的大陆人。他们本来比克里特人要落后得多，在学习了克里特文化后，慢慢强大起来，后来更是征服了克里特人。这个时期持续了大约 500 年。

这之后，突然失去了克里特人和迈锡尼人的踪影，爱琴海文明莫名其妙地消失了。

这就是第四个时期——"黑暗时期"，它长达近 500 年之久。现在我们看这段时期的历史就像既没有星星也没有月亮的夜空一样，漆黑一片。

第五个时期就是大家最熟悉的古希腊了，一般称之为希腊的"古典时代"，在这个时期，伟大的希腊文明达到了巅峰。

第二章

雅典和斯巴达

前面说过,迈锡尼人退出历史舞台后,希腊文明进入了所谓的"黑暗"时期。这时,希腊回到了一种更为原始的状态,既没有发达的文明,也没有强大的国家。

这段时期的希腊人主要有两支:一支是毁灭了迈锡尼文明的多利安人,他们生活在原来迈锡人所居的希腊半岛;另一支叫伊奥尼亚人,他们生活在小亚细亚半岛西部和爱琴海中多如牛毛的大小岛屿上。

在这些地方有无数被称为"城邦"的小国,大多是一座或几座小城和它周围的农村,人口多的也不过两三万。

后来出现了两个最大的城邦——雅典和斯巴达,使希腊走出了"黑暗时期"。

勇敢而奇特的斯巴达人

斯巴达位于希腊南部的伯罗奔尼撒半岛,他们的祖先就是毁了迈锡尼文明的多利安人。

斯巴达人自古以来就酷爱打仗，他们起先住在肥沃的欧罗塔斯河流域，大约在公元前8世纪，他们征服了同样肥沃的麦西尼亚平原，并把那里的原住民变成了奴隶，称其为希洛人。从此，这些斯巴达人"洗心革面"，不再到处侵略，安心过起奴隶主的悠闲日子。

斯巴达人的生活方式举世闻名，因为他们过着一种几乎只有在"理想国"中才可能存在的生活。

生活在斯巴达的人有三个分明的等级：希洛人、裴里欧齐、斯巴达人。

第一等级：希洛人。他们占了总人口的大部分。他们是奴隶，但处境很奇怪。一方面，他们要耕种土地以供养他们的主人斯巴达人；另一方面，他们的生活却相当优裕而且自由。平时主人绝不会去地里监工，更不会用鞭子逼他们干活，他们每年只要把相当有限、固定数量的部分交给主人，其余的全归自己。所以，他们都有相当数量的私有财产。不过他们也有危险，由于希洛人生活条件好，养得起孩子，人口往往比斯巴达人增长得还快。他们痛恨奴隶的身份，一有机会就起来造反。为了削弱希洛人的势力，斯巴达人每年都会向希洛人进行一次"宣战"，这时，斯巴达人有权随意杀死那些身强体壮、可能造反的人。

第二等级：裴里欧齐。他们是自由民，自耕自作，不是奴隶，但也没有政治权利，不能当官。

第三等级：斯巴达人。他们是斯巴达的主人，是奴隶主，几乎占有所有土地，享有所有政治权利。

斯巴达人有一个特点，就是极其鄙视生产劳动，甚至用法律来禁止斯巴达人干活，他们终生只有一项工作——战争。

为了这项唯一的工作，斯巴达人采取了许多匪夷所思的措施，而正是这些措施令斯巴达人存在时威名远播、百世留名。

一个斯巴达人，当他刚生下来时，会被送到家族长老面前去。长老们会仔细检查他的身体，倘若面色红润、哭声响亮，才会交回父母手中，如果看上去不那么健康，就会立即被扔进深潭喂鱼。

7岁时他们就得离开父母，开始上学。他们去的与其说是学校，不如说是军营。孩子们被分成组，每组选出一个胆大的当组长，负责指挥。他们也要学习，但学习的内容可不是书本知识，而是对成长为一个战士有用的东西，像如何在没有粮食的荒山野岭中辨认可以吃的东西，如何忍受痛苦和饥饿，以及打斗、击剑之类。另一项重要的内容是学习怎样服从，对于斯巴达人，与勇敢同样重要的是纪律，具有钢铁一般的纪律性是斯巴达战士强大的主要原因。

在这样的学校里一直待到20岁，他们就是一个准斯巴达战士了。他们会住到"男子之家"，在这里接受训练，成为一个真正的斯巴达战士，直到年满30岁。

30岁后他们就成为正式的斯巴达公民，不过仍要过集体生活，所有人包括国王都在公共食堂吃大锅饭。

斯巴达人绝不会没有粮食吃，但也仅此而已。在斯巴达，没有公民富有，正如没有公民贫穷。他们每个人都由国家分配一块大小相同的土地，由他们的奴隶希洛人去耕种，这就是他们的全部收入。他们的土地不能买卖，甚至连金子银子都不许拥有。为了限制大家做生意，钱是用铁做的，如果想要一只羊就得拿比羊还重的铁去买。邻邦的商人当然不想要这样的钱，所以他们很少去斯巴达做生意。

斯巴达人认为外面的世界奢侈腐朽，所以不允许自己的公民到外邦去，外邦的公民如果没有特许也不许踏上斯巴达的土地。

斯巴达还有一个有趣的现象，在女性普遍受歧视的古代社会，斯巴达人对女性却非常尊重，妻子在家里绝不是附庸，她们占有2/5的家庭财产，她们还经常鼓励丈夫和儿子要做一个真正的勇士。如果他们没有做到这点，她们会公开地鄙视他们。

国家鼓励女性多生孩子，越多越好。姑娘们大多爱运动，经常练习跑步、摔跤、掷铁饼、投标枪等，从而练就强健的体魄，使她们未来的孩子也更健康强壮。

凭着这样的生活方式，斯巴达人培养出了西方古往今来最强大的战士。虽然斯巴达公民最多时也不过一万，其中能打仗的不过几千，但他们却能称霸希腊几百年之久。用"以一当十"形容斯巴达战士再正常不过，每次战斗，斯巴达战士无不以一当十甚至当百。

他们的无数次战斗中最为有名的就是温泉关之战。

公元前480年，波斯大军第二次大举入侵希腊，斯巴达王列奥尼达率领300名战士驻守温泉关，它是从北面进入希腊的唯一通道。

战斗艰苦无比，波斯士兵的数目超过斯巴达人百倍，斯巴达人英勇奋战，打了整整三天。波斯人一次又一次地发起疯狂的冲锋，除了在关前留下小山般的尸体，却没能前进一步。狡猾的波斯人开始打别的主意，他们找到一个熟悉地形的当地农民，用大量金子贿赂了他，这个农民便告诉他们，有一条小路可以通往温泉关后面。不久，波斯大军从后面攻来，团团包围了温泉关。但是斯巴达战士们没有后退一步，更没有投降或者被俘，他们英勇战斗，直至全部壮烈牺牲。

后来，斯巴达人又在另一场战争中彰显了他们的力量。只不过，前面的战争给希腊带来了福音，后面这场却带来了灾难。

这场战争就是伯罗奔尼撒战争，起因是斯巴达人与另一个最强大的希腊城邦雅典之间的争霸。

战争从公元前431年开始，持续了近30年，一开始双方相持不下，后来斯巴达取得了胜利，雅典城被毁。然而，斯巴达人的这场胜利却是整个希腊文明失败的起点，一度辉煌的希腊文明从此衰落。

击败雅典使斯巴达人成为整个希腊的霸主，但他们的霸权并没有持续多久，希腊的城邦联合起来反抗他们的压迫。公元前371年，底比斯人使斯巴达人遭受了前所未有的惨败。

斯巴达从此一蹶不振，赫赫威名消失在希腊大地。

智慧而傲慢的雅典人

与斯巴达人不一样，雅典人并不是外来入侵者，他们自古以来就生活在希腊的阿提卡半岛。

和斯巴达一样，阿提卡半岛也位于希腊南部，这是一个狭长的半岛，土地十分肥沃，商业也很发达，但更发达的是令雅典永垂不朽的文学、哲学、艺术。

除了聪明，雅典人的另一个特点是傲慢，他们认为自己的地位仅次于神，高高在上，他们轻视其他所有人。

正因为傲慢又轻视他人，雅典人行事的原则不是什么道义，而是力量和利益。一方面，他们为了得利，可以与任何坏蛋谈生意；另一方面，对于力量不如他们的人则毫不客气地加以压榨。例如，有一次他们的首领伯里克利派人到一个小城邦讨好处，使者直截了当地说："你们不要啰唆什么，我们来要好处不是凭什么道义，而是凭实力，你们还是老老实实地听话吧。"所以不要因为雅典人创造了伟大的哲学与艺术就对他们崇拜得五体投地，仿佛他们是世上最完美的人，事实上，他们从来不是道德的表率，甚至做了不少坏事，雅典三个最伟大的人物——苏格拉底、柏拉图、亚里士多德都曾被害得很惨。

雅典人还有一大特点是对世间的一切事物都很好奇，他们总是走向大自然，试图探索所有秘密。他们做起事来很认真，观察也很仔细，敢于打破一切旧规矩进行新创造，正是这些特点使得雅典人创造了辉煌灿烂的希腊古典文明。

雅典并非一开始就这么厉害，它的崛起也有一个过程。

一开始雅典只是希腊许多小城邦中的一个，实行君主政体，由国王和贵族们进行统治。后来改由好几个执政官一起执政，最大的就是首席执政官。

在君主政体或贵族政体下，土地可以自由买卖，有钱人经常趁别人急需用钱时把他们的土地买下来，或者借人高利贷，当借钱者还不起时就把他们的土地夺过来甚至把他们变成奴隶，成为债务奴隶。

很多雅典公民就此失去了土地，随着失去土地的人越来越多，他们的力量也越来越大，当他们感到自己斗得过那些富人时，就起而反抗，并且获得了许多平民的支持，大家一起要求改革，改革派的领袖是梭伦。

公元前594年，梭伦成为雅典的首席执政官，他的改革措施很简单也很严厉，中心任务是废除债务奴隶，使那些因欠债成了奴隶的公民重新成为自由人，同时让那些没有财产的公民也能参加公民大会，成为最高权力机构中的一员。

在改革中得到最多好处的当然是平民，地主贵族则吃了大亏。他们哪会心甘情愿地听从摆布，便不停地反抗，想夺回失去的权利。在这种情形之下，平民便仗着人多势众，发展出了一种新的政体——僭主政体。

僭主是一些靠武力上台的人，他们的靠山就是人多势众的平民，上台后，他们采取了一系列措施来"劫富济贫"。

第一个僭主叫庇西特拉图，他大约在公元前560年成为僭主。掌权后，他把贵族地主的土地抢过来，划成小块分给平民。

庇西特拉图死后，出现了另一个更强势的僭主克里斯提尼。他几乎彻底剥夺了贵族们的权力，建立了一个新的权力机构——五百人会议，这个机构掌握了几乎所有大权。更重要的是，他规定所有年满30岁的公民，不管有钱没钱，都可以当会议代表。

到公元前500年左右，雅典终于发展出了一整套民主制，它为雅典走向巅峰奠定了牢固的基础。

使雅典最终成功登上巅峰的是希波战争。

希波战争，是希腊与波斯之间的战争。波斯人是亚洲人，生活在小亚细亚半岛，他们建立了世界历史上第一个跨洲大帝国——波斯帝国。波斯帝国第一个伟大的王叫居鲁士，第二个叫冈比西斯，第三个叫大流士。大流士到处征伐，建立了一个横跨亚、欧、非三洲的庞大帝国，将整个小亚细亚、叙利亚、埃及、地中海东岸等直到印度河都收进了帝国版图，中间包括许多古老而著名的王国，像吕底亚、赫梯、亚述、巴比伦。

公元前6世纪，波斯人开始征服生活在小亚细亚的希腊城邦里的伊奥尼亚人。这些城邦便向希腊半岛上的母邦求助，得到了响应，使大流士的征伐受阻。为了一劳永逸地解决希腊人的问题，大流士决定进攻希腊本土。

他先派使者到希腊去向各城邦索要土和水，就是要他们臣服。许多城邦因为畏惧都答应了，但斯巴达人把使者扔到了井里，雅典人把使者扔进了海里，叫他们自己去取土和水。

大流士十分愤怒，于是派出了大军，在公元前492年发动了第一次希波战争。

波斯人有一支庞大的舰队，其中有专门运输骑兵和马匹的大船，在马拉松登陆。

在此之前，希腊人只要听到波斯人的名字就两腿发抖，许多城邦因为害怕而投降。只有雅典人奋起反抗，同时派出使者向强大的斯巴达求援。

这个使者名叫裴迪庇特斯，他善于长跑，不到两天就跑到了斯巴达，由于劳累过度，裴迪庇特斯说完求援的话就倒地而死。为了纪念这位伟大的长跑家，古希腊人在奥林匹克运动会上设立了马拉松长跑这个项目，它的距离就是从马拉松到斯巴达的距离，直线距离约160千米，实际路程要远得多，而裴迪庇特斯不到48小时就跑完了。现在的马拉松赛程只有42.195千米，只有裴迪庇特斯跑的距离的1/4。

斯巴达人立即派出2000名战士奔赴马拉松，3天就赶到了，不过那时战争已经结束，雅典人打败波斯人，赢得了马拉松战役的胜利。

十年后，波斯大军再次进攻希腊。这次斯巴达人早早参加进来，就是前文所说的温泉关战役。波斯人占领温泉关后，乘胜前进，洗劫了雅典城。

但决定战争胜负的并不是雅典一城的得失，当波斯人到达时，雅典已经是空城了。不久，以雅典军队为首的希腊联军海军在雅典南面的萨拉米斯湾与波斯海军展开大决战。虽然波斯海军的军舰数量是希腊联军的好几倍，但波斯海军是由无数个种族组成的"杂牌军"，纪律涣散且缺乏斗志。战斗一爆发，在希腊人的勇猛进攻之下，"杂牌军"不久便大败而逃。

这一幕被在岸上高处观战的波斯王薛西斯看得清清楚楚，像拜伦在一首诗里面所说的，波斯王一觉醒来，发现他繁星般的舰队已经灰飞烟灭。

不久，在另一次大战——普拉提亚之战中，希腊联军又赢得了陆战与海战的双重胜利，终于打败了强大的波斯帝国，取得了希波战争的最终胜利。

希腊境内从此安宁，人们将视线转向和平与创造，创造了许多伟大的艺术与文学作品，雅典也走向了它的黄金时代。

由于雅典是希波战争的实际领导者，战争结束后，雅典成了整个希腊的霸主。它联合希腊诸城邦，加上爱琴海中的各个岛屿和小亚细亚半岛上的希腊城邦，建立了提洛同盟，实际操控着整个同盟和盟友们缴纳的入盟金。

到公元前450年左右，雅典实际上已经变成了一个帝国，它的势力从希腊半岛一直扩展到大西洋，而它的财富也空前地多了起来。

特别是在伯里克利担任统领的30余年间，雅典在文学、哲学、艺术等领域都取得了巨大成就，雅典也成为整个希腊的"学校"。

伯里克利为雅典建立了由全体男性公民组成的公民大会，把国家最高权力集中到它手中，让每一个雅典人都自由地生活、尽情地创造。

但雅典的强大没有持续太久，因为另一个同样强大的城邦斯巴达不乐意了。

从公元前431年开始，爆发了持续十年之久的伯罗奔尼撒战争。双方一开始不相上下，因为斯巴达的陆军举世无双，而雅典的海军天下无敌。

但一场天灾改变了一切。公元前429年，雅典爆发了空前的大瘟疫，整整死了一半人，包括他们的伟大领袖伯里克利，雅典的实力受到严重削弱，战争中开始处于下风。

14年后，雅典决定派出最强大的战力——几乎整个海军舰队，远征西西里，那里是斯巴达的粮仓，结果全军覆没。

公元前404年，在弹尽粮绝之下，雅典被迫投降。

被打败的雅典人并没有甘心服输，他们联合底比斯人展开了反击，公元前371年爆发了留克特拉战役，底比斯人依靠一支特殊军团"神圣战队"彻底击败了斯巴达人。

两强都衰落后，整个希腊也失去了活力。

这之后，希腊如同中国的春秋战国时期，群雄四起，甚至连一个霸主都没有。到了公元前338年，马其顿国王腓力二世在喀罗尼亚之战中大败雅典和底比斯联军，还将当时希腊最强大的"神圣战队"全部歼灭，从而将整个希腊并入了自己的版图，使希腊第一次真正统一在一个政权之下。

同样在公元前338年，腓力二世被暗杀，他的儿子继位，就是亚历山大大帝。

这一年也是整个西方古典时代终结的一年。

第三章

西方历史上第一次大征服

马其顿人是一个古老的民族,他们生活在希腊半岛的北部,与希腊人大体是同一个种族,但文化相对落后。

马其顿在腓力二世的统治下走向强盛。腓力二世从小在希腊的底比斯当人质,在那里接受了最好的教育,包括希腊军队的作战方式,这对他以后的治国与统军方式都产生了很大影响。

公元前359年,腓力二世成为国王,立即着手把他从希腊学来的东西付诸实践,改造国家。他从朴实而勇敢的农民、猎人中招纳士兵,训练他们掌握一种密集型的军队作战队形"底比斯方阵",并且做了不少改进,使之更加强大,史称"马其顿方阵"。

统一希腊

建立了强大的军队后,腓力二世开始了统一全希腊的战争。

当时希腊正处在各城邦互相混战之中,病入膏肓的雅典和斯巴达都已无力成为霸主,这种群龙无首的状态则加速了马其顿人开始征服之战。公元前338年喀罗尼亚一役，腓力二世大败希腊联军，从此整个希腊再也没哪个城邦敢对抗他了。次年，他在科林斯召开了全希腊大会，宣布建立全希腊大同盟，并将这个同盟置于他的监控之下，同时宣布他将统率希腊大军前去讨伐波斯帝国，掠夺它庞大的土地与财富。

当腓力二世正要再次启程去继续他的征服之旅时，却发生了让他永远无法迈出这一步的事情：他参加婚礼时，被一个卫士刺杀了。公元前336年，腓力二世的儿子亚历山大还只有20岁，命运却已把如泰山般沉重的担子压到了他年轻的肩膀上。

然而令人惊异的是，成为国王之后，亚历山大完全没有年轻人的稚嫩感，相反，他表现出了比他父亲更强的统率能力。

继位不久，亚历山大立即着手父亲的未竟之业——远征亚细亚。但他着手统一希腊，彻底压服所有希腊人，使全希腊成为他征战的后方基地。

亚历山大征服希腊人的关键一役是毁灭底比斯。当亚历山大北上进攻色雷斯人时，底比斯人乘机作乱，亚历山大立即回师希腊，向底比斯杀去，成功将底比斯攻陷。亚历山大占领底比斯后，城中所有建筑物均被摧毁，绝大多数平民被杀，活下来的则被卖为奴隶，但他保全了著名诗人品达的故居，以表达他对希腊文明的尊敬。

此后，希腊人停止了所有抵抗，成为亚历山大可靠的附庸。

安定后方之后，亚历山大立即将矛头指向了他期待已久的目标——波斯帝国。

毁灭波斯

公元前334年，亚历山大率军越过博斯普鲁斯海峡，侵入波斯帝国，从而开始了西方历史上第一次大征服。

不久，亚历山大遇上了波斯军队，轻而易举地消灭了他们。

但他很快遇到了一个问题，自己没有海军，而波斯人有一支强大的海军。为了避免在陆上进军时被波斯海军抄后路，他决定先消灭波斯海军。他沿着海岸前进，沿途毁灭每一处海军基地，占领了所有重要海港，就这样击败了强大的波斯舰队。

公元前333年，亚历山大与当时的波斯帝国皇帝大流士三世展开了决战。当亚历山大得知波斯皇帝亲率大军来到后，他并没做很多战备工作，只率领他的军队向波斯大军冲去。

一方是久经沙场、士气高昂的马其顿常胜之师，另一方却是只能用乌合之众来形容的波斯军队——士兵来自各个民族，彼此言语不通，情感不睦，既没有统一的指挥，更没有严明的军纪。

战斗开始后，马其顿军队如猛虎般向如一盘散沙的波斯军队杀去。波斯军队见马其顿军队来势汹汹，吓得撒腿就跑。大流士三世见大势已去，也落荒而逃。他的三宫六院、母后公主统统落到了马其顿人手里。

这就是西方历史上著名的伊苏斯之战。

此后，亚历山大重新回到了大海边，这次他要征服的对象是腓尼基的两座大城——西顿和推罗。特别是推罗，号称坚不可摧的一座城。

面对固若金汤的推罗，亚历山大选择首攻邻近的西顿，西顿不战而降，让亚历山大获得了一支舰队。不久，从塞浦路斯又来了一支增援的大舰队，使亚历山大顿时拥有了强大的海军。

由于推罗城位于一个小岛上，亚历山大的第一步就是用强大的海军取得制海权，将小岛团团包围。但下一步他并没有直接攻城，因为他知道推罗的城防极为坚固，难以攻破。他采取了一个令人难以置信的战法：他从大陆开始筑了一道长城，筑得和推罗的城墙一样高，一直朝海上的推罗城延伸过去。当它接近推罗的城墙时，亚历山大下令在城墙上架起高塔和巨大的撞城槌。

推罗城墙很快在这些巨大无比的"雷神之锤"的猛砸下粉碎,亚历山大由此彻底攻陷了推罗。

占领推罗后,亚历山大完全控制了推罗以西的地中海海域,取得了可靠的后勤补给线。此后他统军进入埃及。面对强大的马其顿军队,埃及并没有进行任何抵抗,他们原来处在暴虐的波斯帝国统治之下,对较为文明的希腊人代替波斯人并不反感。阿蒙神庙的僧侣们郑重宣布:亚历山大大帝是埃及的大神阿蒙神的儿子,是古代法老们的合法继承人。

就这样,亚历山大轻而易举地成了世界最古老文明的统治者。

亚历山大在埃及做的第二件大事是建立亚历山大城,后来那里成为西方世界最著名的大城之一,也是西方世界新的文化中心。

离开埃及后,亚历山大挥军北上,直指又一个古老文明的发祥地——两河流域。两河就是底格里斯河与幼发拉底河,正是它们哺育了古巴比伦文明。

亚历山大的大军到达了古老的尼尼微,在这里发现了他一直寻找的波斯主力大军,这支大军是大流士三世在伊苏斯惨败后新聚集起来的,但仍是一群数量庞大的乌合之众。

战斗一开始,波斯军队就暴露了致命弱点:他们采用的依旧是古老过时的战车,这些战车外面绑着锋利的刀刃,看上去很吓人,但不实用。一方面,它们缺乏机动性;另一方面,只要拉战车的几匹马之中有一匹受伤跑不动了,整个战车就完了,而且战车上面的士兵都披着厚铠重甲,一旦没有战车,他们就会成为任人宰割的羔羊。相对于波斯军队的笨重,马其顿军却机动灵活,也更加骁勇善战。因此,虽然他们人数居于劣势,但无不以一当十,奋勇善战。

先发动攻击的是大流士三世，他下令战车部队朝马其顿军冲去，但刚一冲锋，战车的弱点就暴露出来，还没冲到敌人跟前，大部分战车就瘫在半路。马其顿骑兵随即劈波斩浪般向已经开始溃散的波斯中军冲去，直指在那里指挥作战的大流士三世。波斯人的阵线顿时波开浪裂，溃不成军。此时大流士三世不但没有组织抵抗，反而吓得魂飞魄散，和在伊苏斯之战中一样落荒而逃。

失去统帅的波斯大军像无头苍蝇一样，陷入了混乱，在漫天黄沙的笼罩下拼命飞逃，亚历山大又一次大获全胜。

这就是著名的高加米拉战役。

在高加米拉之战中大败波斯人后，亚历山大继续麾军前进，下一个目标是古老的巴比伦。当亚历山大来到时，曾经诞生过人类历史上第一部成文法典《汉谟拉比法典》的巴比伦已经消失了，连尼布甲尼撒大帝的新巴比伦也已经湮没在萋萋荒草中，现在的巴比伦不过是波斯帝国辖下的无数大城之一。

对亚历山大的到来，巴比伦人没有做任何抵抗，亚历山大也没有为难归顺的巴比伦人。他越过巴比伦，直扑波斯帝国的首都波斯波利斯。在那里，他继毁灭推罗之后又做了一件恶事，将这座壮丽辉煌的宫殿之城付之一炬。

现在，即使过了 2000 年，我们仍可在伊朗看到波斯波利斯那荒凉却不失壮丽的遗址。

痛痛快快地放了一把火后，亚历山大开始追击大流士三世。

大流士三世在两次大战中的怯懦表现令他的将军们极度失望，他们不再服从他。当他因为恐惧想向亚历山大投降时，他们气得发狂，把这个令他们蒙受耻辱的皇帝囚禁起来，挟持他往东方逃去。

亚历山大率领铁骑追击，不久就追上了，波斯将军们见势不妙，刺死大流士三世后仓皇逃跑。

就这样，一度统治欧、亚、非三大洲广大地区，作为世界上第一个超级大帝国的波斯帝国覆灭了。这是公元前330年的事。

征服印度

公元前330年，26岁的亚历山大完成了对波斯帝国的征服，但他并没有选择就此停手。他生来是个征服者，停止征服对他而言意味着人生失去了方向与意义。于是，他将目光投向了更遥远的东方。

那时，在更遥远的东方，也就是现在的阿富汗、巴基斯坦和印度北部一带，居住着一些西方人从未谋面的民族，如粟特人、巴克特里亚人、帕提亚人，他们是一些比希腊人落后不少的游牧或半游牧民族，原来大部分都归顺了波斯帝国，亚历山大一来，没经过大战就将他们一一降服。进军到帕米尔高原的莽莽群山下后，亚历山大没有再东进，转而南下，直抵北印度。

马其顿军抵达印度时，统治印度的早已不是那个建造了摩亨佐·达罗城的古印度人，而是一个来自北方、自称"雅利安人"的种族。

当亚历山大率军来到时，他们立即奋起抵抗，领袖是有着巨人般身材的波鲁斯。他统治着当时全印度最强大的国家，他率领大军，包括由许多头大象组成的特殊骑兵，与亚历山大决战，结果波鲁斯很快大败，他知道自己不是亚历山大的对手，于是心悦诚服地向亚历山大投降了。

亚历山大还想要继续南下，但他的部下实在受不了了，越来越炙热的太阳、越来越茂密的森林、越来越密集的蚊虫使他们感到前所未有的恐慌，而且他们已经离开家乡近10年，思乡之情与日俱增，坚决不肯再打下去。

面对将士们坚决而愤怒的要求，亚历山大只好同意。这时他们已经抵达印度文明的摇篮——恒河岸边，这里也成了他东征的最后一站。

紧接着，如何回去成了亚历山大和他的战士们苦恼的事情，斟酌再三后，亚历山大采取了兵分两路的办法。

亚历山大先组建了一支舰队，沿印度河顺流而下，自己则率陆军沿岸而行，两军就这样平行地走着。一路历尽艰辛，无数人倒毙在炎炎烈日、莽莽黄沙下，没死的人继续在他们意志如钢的领袖统领下跋山涉水。

有一天，他们终于走完返程的路，看到了在波斯湾尽头飘荡的马其顿军旗，这时候已经是公元前324年。

从公元前330年攻灭波斯帝国算起，在漫长的6年之中，亚历山大和他的军队几乎每天都在奔波跋涉，寻找水草和敌人，这样的行军本身堪称一部宏伟的史诗。

此后，亚历山大暂别征战连绵的日子，过上了纸醉金迷的生活。

有一天，亚历山大像往常一样喝得酩酊大醉，回宫后突然感到不适，他的新婚妻子之一——国色天香的波斯公主帕瑞萨娣丝摸了摸他的额头，立即召来了御医为他诊治，然而被美色美酒掏空了身子的亚历山大已是油尽灯枯、回天乏术。

就这样，作为西方历史上最伟大的帝王和征服者之一，亚历山大英年早逝，死在了距家乡万里之遥的地方，年仅33岁。

亚历山大死后，他的帝国迅速瓦解，国土成了部将们任意争抢的战利品，帝国本来的准继承人们——他的儿子、弟弟、母亲和妻子不久后通通被杀，他终其一生获得的辉煌功业也随之荡然无存。

在东征的过程中，亚历山大除了四处征战，还做了一件对历史有重大影响的事。由于他一贯自称是伟大的希腊文明的代言人，负有开化野蛮人的神圣使命，因此他每到一地就会建立新城市，把他带来的大批希腊人安置在那里。这些希腊人也把先进的技艺如制陶、榨油等带了过去。那些被征服的民族看到这些外来人不但会打仗，而且制作的东西也这般精巧，自然心甘情愿地当起学生来，并在语言习俗、衣食住行等方面都模仿希腊人。不仅如此，亚历山大还鼓励部下同亚洲女子结婚。据说，他曾举行过一次盛大的集体婚礼，90位马其顿将领同时迎娶亚洲妻子，他自己也娶了大夏国贵族之女罗克姗娜，她被称为当时亚洲最美丽的女人，他的好几千名士兵也娶了当地女子。亚历山大鼓励他们这样做，还给他们送了新婚礼物，他这样做的目的是要使欧亚合为一体。

诸如此类的措施造就了世界历史上一个重要的时代——希腊化时代。

这个时代在地理上属于东方，文化上则属于西方。

第四章

古希腊哲学的初级阶段

　　古希腊文化是西方文化的始祖之一,内容非常丰富,本书将讲述古希腊的哲学、文学、艺术、科学,它们足以代表古希腊文化的精髓。

　　首先来看古希腊哲学。

　　古希腊哲学是古希腊文化中最精华的部分,直到今天都深刻地影响着西方世界,并且依然代表着西方哲学的最高水平。从古到今,任何西方哲学家都不敢妄称自己的哲学超越了古希腊。

　　以苏格拉底为中心,古希腊哲学的发展大体可以分成三个阶段:

　　第一个阶段是前苏格拉底哲学,这是古希腊哲学的初级阶段。

　　这一阶段的哲学家有泰勒斯、阿那克西曼德、阿那克西美尼、毕达哥拉斯、赫拉克利特、巴门尼德、恩培多克勒、阿那克萨戈拉、德谟克利特、普罗泰戈拉等,其中最有代表性的是毕达哥拉斯、赫拉克利特、德谟克利特,后面将以他们为代表讲述古希腊哲学的初级阶段。

　　第二个阶段就是伟大的三师徒:苏格拉底、柏拉图、亚里士多德,他们共同构成了古希腊哲学的黄金时代。

第三个阶段则是亚里士多德之后的哲学,但这时已经不再是纯粹的古希腊哲学了,通常和古罗马哲学结合在一起。

神秘的毕达哥拉斯

毕达哥拉斯是古希腊著名的哲学家,还是一位伟大的数学家,他的某些思想影响至今。

毕达哥拉斯出生于爱琴海中的萨摩斯岛,他年轻时就离开了故乡,四处游学。他曾到过埃及,那时埃及的文化比希腊发达得多,毕达哥拉斯在埃及学到了大量知识,特别是数学知识。后来毕达哥拉斯定居在意大利南部的克罗顿,因为有大量的希腊人在那里生活,所以那时候意大利南部又被称为"大希腊"。

克罗顿是个富裕的城邦,据说人口曾达 30 万之多,在当时已经是个大城邦了。它刚刚被邻邦劳克瑞斯打败,但毕达哥拉斯一到,克罗顿如有神助,把敌人打得落花流水,这使城邦的人民把毕达哥拉斯当成了福星。

后来毕达哥拉斯和他的弟子们在克罗顿建立了一个团体,差点控制了城邦大权,但由于受到众多公民的反对,他只好离开,来到同在意大利南部的梅达彭提翁,从此生活在那里,直到去世。

数是万物的本原

毕达哥拉斯思想中最有名、最重要的是他的数学思想。

毕达哥拉斯认为万物都是数,是由数经由各种各样的形式构成的。为什么数这么重要呢?因为在毕达哥拉斯看来,只有数才是和谐、美好的。他还提出了各种各样的数,如长方形的数、三角形的数、金字塔形的数等,它们都是由一些小块构成的,具有美的形状。他还认为 10 是最完美的数,所以他认为天体的数目也应当是10。但那时人们能看到的只有9个,所以他又硬加了第10个,取名"对地"。

毕达哥拉斯的有些数学发现直到今天还在被运用,如数的平方、立方等。

毕达哥拉斯最有名的数学成就是发现了"毕达哥拉斯定理",就是中国人所称的"勾股定理",即直角三角形中两直角边平方之和等于斜边的平方。据说,毕达哥拉斯发现这条定理后,和弟子们杀了100头牛来庆祝。由此可见当时毕达哥拉斯的势力之大,要知道100头牛在当时是一笔巨大的财产,连一般富翁都拿不出来。

毕达哥拉斯几乎被他的学生们当成神一样崇拜,就像基督教的耶稣和伊斯兰教的穆罕默德一样。民间也流传着关于他的神迹,例如他曾经订立过一个规矩,凡是他们这个团体做出的数学发现都属于绝密,不得告诉外人。他的一个学生破坏了这个规矩,结果不久自己就淹死了。

毕达哥拉斯建立了一个团体,以下是这个团体的一些规矩或者说禁忌:

1. 绝不可以吃豆子。

2. 东西掉到地上了,不准用手捡起来。

3. 不准碰白毛公鸡。

4. 不准用刀子将面包砍开,而且不准将整个面包全吃掉。

5. 不准跨过门闩。

6. 不准用铁拨火。

7. 不准走大路。

8. 房间里不准有燕子。

9. 如果把锅从火上面拿下来,不要把锅底印子留在灰上,要把它仔细地抹掉。

这是一些相当古怪的规矩，显得很神秘，但在当时产生了很大影响。毕达哥拉斯的信徒在许多城邦掌握了大权，他们在这些地方建立起了一套圣人统治制度。

毕达哥拉斯的哲学思想中最有特色的是他的"灵魂转世说"。

在莎士比亚的名著《第十二夜》中有这样一段，是一心想娶女主人的马伏里奥和戏弄他的小丑之间的一段对话：

小丑：毕达哥拉斯对于野鸟有什么意见？

马伏里奥：他说我们祖母的灵魂也许在鸟儿的身体里寄住过。

小丑：你觉得他的意见怎么样？

马伏里奥：我认为灵魂是高贵的，绝对不赞成他的说法。

小丑：再见，你在黑暗里住下去吧，等到你赞成了毕达哥拉斯的说法之后，我才可以承认你头脑健全。

从这段话可以看出来，毕达哥拉斯的灵魂转世思想在欧洲家喻户晓。

另一位古希腊哲学家色诺芬尼记载了一个相似的例子：某次毕达哥拉斯闲逛时，看见一个人正在揍一条狗，他厉声说："住手，不要再打它。它是我一个朋友的灵魂，我一听见它的声音就知道。"

那么，毕达哥拉斯到底认为灵魂有什么特点呢？可以归纳成三点：

1. 灵魂永远不死。

2. 灵魂可以变成别的东西，如人的灵魂可以变成猪。

3. 一切都是循环往复的，没有什么东西是全新的，都是同样一些灵魂在变来变去，例如毕达哥拉斯本来是头牛，后来就变成了毕达哥拉斯，后来又变成一只蜜蜂，再后来又变成中国汉朝的一个书虫，这样变来变去，一直变到今天，变成了某个人或者某头牛。

火一样的赫拉克利特

赫拉克利特（约公元前 544—公元前 483 年）的伟大之处在于他的思想在其死去千年之后仍深深地影响着西方的人们，包括黑格尔和马克思，他的作品不但闪烁着智慧的光芒，而且像火与雷电一样震荡人心。

赫拉克利特出生在以弗所的一个贵族家庭。以弗所位于伊奥尼亚，伊奥尼亚包括现在的小亚细亚半岛沿海地区和地中海中的一些岛屿，在古代是希腊人的殖民地。

传说，赫拉克利特有些刻薄，特别喜欢说别人的坏话，例如，他认为人是"宁愿要草料而不要黄金"的蠢驴。他看不起别人，认为别人都是天生的懒汉，所以即使是为了自己的利益，也只有用鞭子抽打才能让他们努力干活。

他骂过的对象中包括自己的乡亲，甚至说以弗所的成年人全都应该上吊自杀，因为他们放逐了一个被认为是以弗所最优秀的人，放逐的理由是他们不要有最优秀的人。

对乡亲们尚且如此，对别人就更不用说，赫拉克利特一概加以批判讽刺。当他谈到伟大的荷马时，毫不客气地说应该用鞭子抽他一顿；谈到毕达哥拉斯时，他说那是个缺乏理解力、只会死记硬背、完全没有智慧的老家伙。

赫拉克利特唯独称赞过一个叫条达穆斯的人，为什么称赞他呢？因为条达穆斯和赫拉克利特一样，认为世界上的绝大多数人都是坏人。

战争就是正义

赫拉克利特第一个颇有特色的思想是他特别喜欢战争并且鼓吹战争。他认为战争既是万物之父，也是万物之王。它能让一些人成为神，而使另一些人成为奴隶。

他认为战争就是正义，因为在战争中，大家凭各自的力量去争取胜利，很是公平。

与赫拉克利特对战争的信仰联系在一起的是他的斗争学说，他认为万事万物都相互斗争，这正是万物存在的根据，一切都是通过斗争而产生的，就像一切都是通过斗争而消灭的一样。

他的这种思想与尼采很相近，尼采也十分信仰战争，他曾说过："我不忠告你们工作，只忠告你们争斗。我不忠告你们和平，只忠告你们胜利。让你们的工作只是战斗，而你们的和平则是胜利吧！"如果读过尼采的《查拉图斯特拉如是说》，大家会发现尼采的文风也和赫拉克利特一样，充满了一种激荡人心的诗意。

万物对立统一、永远在变

赫拉克利特认为事物都有对立面，就像一个钱币的两面一样，这两个对立面是相互分立、互相斗争的，但这种斗争并不是一味的不和与争斗，而是对立中有统一。因为在斗争中对立面会相互结合，相互结合就会产生运动，而运动就会走向和谐。

这样一来就构成了一幅图景：对立（不和谐）→运动→统一（和谐）。所以他说："对立对于我们是好的。"而万物都是这种对立统一的结合物。

如果用一句中国俗话说明赫拉克利特的这种对立统一思想，就是"不打不相识"。两个不相识的人碰到一起，由于某种原因产生了对立，于是就有了运动——打架，一打发现对方原来是个高手，还是顶天立地的男子汉，于是他们就惺惺相惜，成了好朋友，就像《三国演义》中的关羽和黄忠一样。

赫拉克利特这个思想对后来的黑格尔产生了很大的影响，通过黑格尔又影响了伟大的思想家卡尔·马克思。

在赫拉克利特看来，万物的一个本质特点就是"变"。万物从产生直到消灭，每一刻都在不断地变化着，从没有停止的一刻。世界上没有什么东西是不变的、永恒的，如果有的话，那就是"变"本身，只有它才是不变的、永恒的。

赫拉克利特有一句名言：人不能两次踏进同一条河流。为什么这样说呢？因为第二次踏进这条河流时，里面的水已经不是第一次踏进时的水了。

火是万物之母

赫拉克利特一个极有特色的思想是把火当成万物的本原，认为万物都是由火生成的。

更具体地说，火与其他万物之间是一种相互转换的关系，一方面，万物由火转换而来，另一方面，万物也可以重新转换为火。

除了火，还有其他三种基本元素——水、土、气，万物首先由火变成这三种基本物质，再变成花鸟虫鱼、金银铜铁等具体的万物。

这一转换的具体过程是这样的：火→水→土→气。

到这里可以联想一下古希腊其他哲人关于万物起源的说法：最早，泰勒斯认为万物来源于水；阿那克西美尼认为是气；毕达哥拉斯又提出数才是万物的本原；到这里赫拉克利特提出了火是万物本原；后来又有恩培多克勒，据说他为了证明自己是神而跳进火山口，结果被烧成灰，他把前人的说法综合起来，干脆说水火土气都是万物的本原。

除了万物，赫拉克利特对神也有许多认识，例如，他认为神才是最聪明的，神看凡人，哪怕是最聪明的凡人，也像成年人看小孩子一样，是最幼稚不过的。他说过这样的话："最智慧的人和神比起来，就像一只猴子，正如最美丽的猴子与人类比起来也会是丑陋的一样。"

了不起的预言家德谟克利特

德谟克利特（约公元前460—公元前370年）是第一个提出原子概念的人，他关于原子的理论被20世纪的物理学证明有着惊人的准确度，从这个角度说，德谟克利特是个了不起的预言家。

德谟克利特是色雷斯人，他很喜欢旅行，年轻时就到处游历，见多识广，在各地有了不少追随者，因而认为自己是名人。但当他到雅典时，发现竟然没有一个人听说过他的大名，不由得怅然若失。

晚年德谟克利特回到故乡终老，享年90岁，在古代是罕见的高寿。

原子与万物

德谟克利特思想的核心是原子，他认为原子有以下特征：

形状：原子是一些有着各种各样形状的物质微粒，方的圆的扁的长的都有。

硬度：它们是不可分的，内部没有一点空隙，无论用多锋利的刀也休想砍开。

数目：原子的数目比撒哈拉沙漠中的沙子还要多，数都数不清。

种类：与数目一样，原子的种类也无限多。

大小：有的大，有的小。

温度：有的热如火，有的冷如冰。

重量：有的重，有的轻。

寿命：原子与天同寿，与地齐庚，不可毁灭。

除了上面这些特点，原子还有一个更为根本的特点就是运动。原子与宇宙同在，并且从产生那一刻起就在不停地运动，永无止息。

既然原子是永恒运动着的，并且无数的原子都同时在运动，就不可能不产生碰撞。这样碰来碰去就形成了一个个旋涡，这种旋涡像我们通常在流水中看到的一样，能把许多草叶、树枝之类聚集到一块儿，原子这种旋涡运动也能把大量原子聚集成一堆。这些成堆的原子聚到一起后就不再是单纯的原子，而会形成与原子大不相同的自然万物。

德谟克利特的这个说法是很有道理的，千年之后科学家们所得出的结论至少在表面上同他的结论差不多，即万物是由原子组成的，并且原子是构成万物的基本单元。

除"原子说"之外，德谟克利特关于旋涡运动产生物体的思想也堪称一种天才式的设想。2000多年后，伟大的哲学家康德写了一本《宇宙发展史概论》，在这部杰作里康德就是用旋涡运动来说明天体起源的。甚至于他的描述与德谟克利特所说的也大致一样：宇宙起先是无数的尘埃，是旋涡运动把它们聚到了一起，最后形成了星系，地球与太阳都是这样形成的。

德谟克利特还有一个奇怪但极有意思的观点，他认为除了人类生活的这个世界，原子还构成了许多其他世界。这些世界，有些正在生长，有些却已衰老，有些可能天上有好几个太阳和月亮，有些则可能一个也没有。

第五章

西方历史上最有名的死刑

古希腊哲学的黄金时代包括三位伟大的哲学家：苏格拉底、柏拉图、亚里士多德。

他们三个是师徒的关系：苏格拉底是柏拉图的老师，柏拉图则是亚里士多德的老师。因此，三人中苏格拉底是师祖，也是古希腊哲学黄金时代的开创者。但他本人并没有著作流传下来，他最有名的是他的死，这也是整个西方思想史上最有名的死亡，值得专门用一章来述说。

生活中的苏格拉底

传说，苏格拉底外表丑陋，连他最有名的两个学生之一、希腊将军色诺芬都说苏格拉底比滑稽戏里最丑的丑汉还要丑三分。依据他那传下来的形象看，他的确美不到哪里去。他个子不高，头很大，头顶基本无毛，眉毛在额头高高突起，眼窝却又在眉毛下面深深地陷了进去，活像两口井。双眼瞪得老大，呆呆地望着前面。眼睛两边是一对招风大耳，夸张地往左右两边远远伸出去。眼睛再往下是一个"出众"的酒糟鼻，说它出众，因为它特别大且扁，而且据说鼻孔朝天。鼻孔下边则是一张宽阔的嘴巴，再往下就是一大把又脏又乱的胡子。

对于自己的尊容，苏格拉底曾经很自豪地说过这样一段话，大意是：说起五官来，没有人比我的更实用了。我的脑袋硕大，智慧就盛得多；眉骨高突像屋檐，就可以挡住雨水，不让它伤了眼睛；耳大招风，就利于听声；鼻孔朝天，鼻涕就不易流出来，弄脏了街道；至于嘴大，那更有好处了，一是吃得多，二是说话快。由于有这些好处，苏格拉底对自己的相貌颇为满意。

形象如此，他的衣服也与之"交相辉映"。像那时所有的古希腊人一样，他们的衣服像是一整块布，从脖子开始将身体包裹起来。但包裹苏格拉底身体的这块布与其说是一块布，不如说是一张渔网，因为它总是破破烂烂，有许多洞，而且似乎从来没有脱过，也没同水打过交道，脏得无以复加。最下面则是一双大脚，从来不穿鞋子。

和普通人一样，苏格拉底有妻子和孩子。他的妻子也是哲学史上最有名的妻子，名叫桑蒂普，她的有名源于她的性格——泼悍，这与苏格拉底之丑可谓相映成趣，以致她的名字后来都有了一个特定的含义——悍妇。

关于苏格拉底妻子的"悍"有这样一个传说：有一次桑蒂普不知为了什么又大骂起丈夫来，苏格拉底像平常那样一言不发，任由她骂。过了一会儿，桑蒂普索性抄起一盆洗脚水朝苏格拉底泼去，而苏格拉底只抹了抹脸上的水珠，不慌不忙地说："我知道，打过雷后一定要下雨的。"

桑蒂普女士的泼悍其实也怨不得她。苏格拉底是个只爱智慧不爱家的人，成天在外找人辩论，从来没有给过妻子爱的温暖，对孩子也不闻不问。他自己常上学生家吃宴席，但从来不管家里妻儿有没有吃喝，自然称不上一个好丈夫、好父亲。何况，桑蒂普对他并不是一味地撒泼，相反，她外表冷若冰、心里热如火，最突出的表现就是当苏格拉底被处死后，她伤心得肝肠寸断，泣不成声。

苏格拉底的日常生活十分简单，除吃饭、睡觉、上厕所之外，他做的事基本只有两件——沉思和辩论。

每天清早起来后，他就在雅典的大街小巷串来串去，上至将军法官、下至皮匠乞丐，与他们进行对话、辩论，以寻找他所要找的真理。

他身边经常围着一大帮人，三教九流应有尽有，有的是未来的将军，有的是穷苦人，还有的是像柏拉图一样的阔少。这群人把苏格拉底当成老师，把他的每一句话铭记在心。苏格拉底经常带着这群学生四处找人辩论，让他们听听他如何把将军、贵人们弄得下不了台，只得承认自己是笨蛋。正如苏格拉底自己所言，他就一像只牛虻，总能找到别人皮薄的地方，狠狠地咬上一口。他通常是向别人提一个问题，让他回答，然后从其滔滔雄辩中找漏洞，问上一句"它是什么"，如果别人回答了，他又再问，如此下去，总能找到别人回答中的薄弱之点，直问得人张口结舌，没了下文。而且在这类考问中，苏格拉底最后总能找到他所寻求的答案，例如，"什么是正义与善"之类。但被问者不会因此而欣喜，因为当真理与胜利相较时，一般人总会觉得胜利更让人开心一点。

其实苏格拉底这样做的目的并不是要难倒别人，而是以找人聊天的方式来探讨他的哲学，好抵达他所追求的真理，同时也将这样的真理告诉别人。这种寻找真理的方式当然不是填鸭式教育，即直接告诉别人真理是怎么回事，而是用提问题的方式让别人自己来作答，再找出正确的答案。正因如此，苏格拉底把自己比作接生婆，而将他问的人比作孕妇，所要寻求的答案就是虽未出世但已然存在于孕妇腹中的胎儿。

至于苏格拉底所探讨的对象，也与此前的古希腊哲学家如毕达哥拉斯、德谟克利特等人大不一样，不是万物的由来或者世界的本质，他对宇宙万物的本原是水还是土毫不关心，他关心什么是善、什么是正义等，也就是今天的伦理学所关注的问题。

因此，苏格拉底可谓是哲学三大块之一的伦理学的鼻祖。

他对于这些问题的一个共同观点是：在正义、善这类德行与知识之间存在着紧密联系，人是因为无知而犯罪，智慧则可以消除罪恶。

除了辩论，苏格拉底做得最多的另一件事就是沉思，他经常不知不觉地陷入沉思，忘却了整个世界。

这里也有一个故事。有一天早晨，苏格拉底在想着一件他不能解决的事，他又不愿意放下这件事，所以他站在那里一动不动地从清早想到中午。到了中午，人们注意起他来，来来往往的人传说着苏格拉底从天一亮就站在这里想事情。晚饭以后天黑下来，有几个人出于好奇，就搬来铺盖露天睡下，为的是守着苏格拉底，看他究竟会不会站一整夜。没想到他真的一直站到第二天早晨。天亮后，他向太阳做了祈祷，才走开了。

除了擅长辩论与沉思，苏格拉底还善于喝酒，他平时不大喝，但一喝起来谁都不是他的对手。其实对于吃喝玩乐，他说不上爱或不爱，而是打心眼里不关心，因为他爱的永远只有一样，就是智慧。他为了追求智慧而活，不是为了追求生活而活。他的追求无疑是成功的，因为他曾被阿波罗神证明是全希腊最智慧的人。

苏格拉底经常在雅典城各处游荡，找人辩论，但谁也辩不过他。也许是由于他从来没有辩输过，就有好事者去阿波罗神庙求谶，想知道有谁比苏格拉底更聪明，但阿波罗神借祭司的口回答说："再没有比苏格拉底更智慧的希腊人了。"

这事传开后，苏格拉底的回答是："我只知道一件事，那就是我一无所知。"

苏格拉底之死

不管是对于古希腊哲学史，还是对于整个西方哲学史而言，没有比苏格拉底的死更震撼人心的事件。

有一天，苏格拉底被逮捕了，故事就从这里开始。

苏格拉底为什么会被捕？官方说他犯了两个罪：一是拒绝承认国家认可的神，并引进新神；二是腐蚀年轻人，教坏了青年们。

虽然这样的罪名不是完全没有道理，例如，他一个心爱的学生亚西比德确实做出过损害雅典的事，但当时大家都知道这只是借口，他被捕的真实原因是他是雅典民主制的敌人，是与雅典民主制相对立的贵族造反派的精神领袖。因此苏格拉底一天没死，民主制的当政者们就一天不安。所以他们要找苏格拉底算账，至于罪名当然好找。

听到这个，也许有人立马对苏格拉底产生了恶感，认为他是拥护专制的坏蛋。但其实并非如此，因为今天的民主制和雅典的民主制大不一样。雅典民主制中，所有官员，尤其是将军与法官等大官，都不是经由什么民主选举产生的，而是经过抽签决定，他们也随时可能被公民们升官、罢职甚至处决。

古希腊著名喜剧家阿里斯托芬在他的《骑士》一剧里形象地描绘了这种民主制的特色。一个将军试图劝一个卖香肠的人去夺取当时民主派的领袖克里昂的职位，那个卖香肠的人问，像他这样的小人物怎样才能成为克里昂那样的大人物，将军称"这是世上最容易的事"，因为只要具备三个简单的条件就可以：卑贱的出身、受过在市场中做买卖的锻炼、蛮横无理。卖香肠的人虽然具备这样的条件，但觉得自己还不太够格，于是将军告诉他，他说这样的话只说明他很有良心，但成为大人物可不需要这个东西。将军又问他父亲是干什么的、是不是一位绅士，卖香肠的人断然否定，说他"全家老小都是无赖"，将军一听大喜，说这简直太好了，这样的出身对担任公职是最好的开端。卖香肠的人还在犹豫，说他不识字，将军告诉他，知识多了对成为民主派的大人物恰恰是最不好的事，因为适合做人民领袖的根本不是那些有学问的人或者诚实的人，而是那些既无知又卑鄙的人。因此，将军最后劝卖香肠的人"千万不要错过这个绝好的机会"。

这话虽然有点夸张，但雅典民主制实际上也与此差不多，苏格拉底反对的就是这一点，他认为像补鞋要找懂得补鞋的匠人一样，治国也要找懂得治国之道的智者，所以他公开地讽刺、反对这种民主的治国方式。

这就是他被捕的真实原因。

被捕之后，审讯开始了。

法官与陪审团成员都是当权的民主派，结果可想而知，大多数人判他有罪。

这时，按照雅典民主制的法律，有两种可能的惩罚方式：一是苏格拉底自认有罪，并可以要求较轻的处罚；二是由法官与陪审员们来定罪定罚。

若这时苏格拉底提出一种法官们认为勉强合适的惩罚方式，他本来可以免于死刑的，但他提出的却是这样一种惩罚：30米尼罚金。

30米尼只是笔小钱，他的学生们包括柏拉图答应为他提供担保。但法庭不但没有同意，反而被大大激怒了，他们认为这是苏格拉底有意轻视他们。这样一来，结果就是参加审判的千余名公民，绝大多数同意判处苏格拉底死刑，判他饮毒酒而死。

在狱中的时候，苏格拉底也有机会轻易地逃之夭夭，因为他的弟子们已经帮他买通了所有可能阻挡他逃脱的人。但苏格拉底断然拒绝了，因为他不愿违反法律。他认为法律一旦制定，不管合理与否，作为一国之公民就必须遵守。

处刑的那天终于来了，他的弟子柏拉图对他临死的情形有一段生动的记载，大致是这样的：

苏格拉底站起来，叫大家稍候，就和克里同一块儿走进浴室。大家一边等待，一边说着话，都沉浸在巨大的悲痛之中。因为他们失去苏格拉底就像失去父亲一样，从此要孤独地度过自己的余生了。苏格拉底在里面已经待了很长时间，直到太阳快落山了才出来。他又和弟子们坐在了一起，但大家这时候只顾着悲伤，相对无言，房间里一片安静。后来狱卒走进来，站到了苏格拉底身边，说道："苏格拉底，在所有来过这里的人当中，您要算最高尚、最温和、最善良的一个了。我每次服从当局的命令，吩咐其他犯人服毒，他们就像发了疯似的把我骂个狗血淋头，您是不会如他们一般的。其实我明白您不会生我的气，因为您知道错在他人，不在我。我这就向您告别，生死有命，请您尽量想开点。我这份差事，您是知道的。"说完，狱卒自己的泪水也夺眶而出，赶紧转身出去了。

苏格拉底转身对大家说："这个人多可爱呀，这些天来，他没少来看我。"说完又问毒酒准备好了没有，如果准备好了就赶紧拿来。克里同说现在太阳还没有下山，还说许多人面对这样的事时都设法一拖再拖，甚至临死还要大吃大喝、寻欢作乐一通才肯罢休。

苏格拉底却说那些人那样做有他们的理由，那些理由也是成立的。但他不想这样，因为他不认为晚死一会儿对自己有什么好处，如果快到死时还这么怕死、吝惜片刻的生命，他只会觉得自己可笑。说完，他严肃地要求克里同赶紧把毒酒送来。

克里同只得吩咐仆人把毒酒拿来。仆人出去了，很快跟着手端酒杯的狱卒进来。苏格拉底轻快地接过杯子，没有丝毫害怕的样子，只是问了一下能不能用这酒来祭奠一下神灵。得知毒酒只有这么多，没法用作其他用途后，苏格拉底就祈求众神保佑他在去另一个世界的旅途中一路平安。说完后，他就把杯子举到唇边，坦然地将毒酒一饮而尽。

看到苏格拉底把毒酒喝下去，知道他的死已经无可挽回，弟子们再也忍不住，都哭了起来。特别是柏拉图，他用双手捂住脸，但泪水却像泉水般从指缝间涌出。他不是在为苏格拉底哭，而是在为自己哭。因为他一想到自己就要失去这样一位良师益友，就有一种大难临头的感觉，使他为自己悲痛不已。其他人也都在哭泣，只有苏格拉底泰然自若，他说："你们这么哭哭啼啼的干什么！"他不让自己的妻子和女儿来这里就是怕她们这样，他只想在平静中死去，他要求大家安静下来，耐心地再等一会儿就完事了。

听见这话，弟子们都感到羞愧，纷纷忍住了眼泪。只见苏格拉底在房间里来回踱步，直到走不动了才躺下来。给他送来毒酒的狱卒不时地查看他的双脚和双腿。过了一会儿，他使劲在苏格拉底的脚上捏了一把，问他有没有感觉。苏格拉底回答说没有。狱卒顺着脚踝一路捏上来，向大家表明苏格拉底的身体已经僵硬冰凉了。

苏格拉底自己也感觉到，对大家说毒酒到达心脏后一切就将结束。当下腹已经开始变凉时，他突然掀开盖在身上的被单，说了一句："克里同，我还欠阿斯克勒庇斯一只公鸡，你能记着替我还清这笔债吗？"克里同说："我一定替您还清。"接着又问："您还有其他吩咐吗？"

没有回音，房间里一片寂静。

过了一会儿，大家看见苏格拉底动了一下，狱卒走过去掀开被单，发现他的目光已经凝滞，但双眼和嘴巴还张开着，克里同替他合上了。

苏格拉底就这样死了。

第六章

古希腊哲学的黄金时代

古希腊哲学的黄金时代包括三位伟大的哲学家：苏格拉底、柏拉图、亚里士多德。

前面已经说过了苏格拉底的伟大之死，现在开始来谈他们的思想。

苏格拉底并没有著作问世，他的思想是与柏拉图的思想融为一体的。

柏拉图的理想与理念

公元前428年，柏拉图出生在雅典一个贵族世家，是古雅典王族的后裔。苏格拉底长得丑陋无比，柏拉图却十分英俊且孔武有力，曾经两次在古希腊的奥林匹克运动会上摘得奖牌。

与苏格拉底的相遇改变了柏拉图的一生，他成了苏格拉底狂热的崇拜者，他曾说过这样的话："我感谢神明，使我托生为希腊人，而不是野蛮人；自由人而不是奴隶；男人而不是女人。不过最主要的还是，我出生在苏格拉底时代。"

苏格拉底被判处死刑不久后，柏拉图也离开了雅典，开始到处旅行。他去了埃及，对埃及人如同金字塔一般稳固的国家制度感到无比兴奋。后来有人说他去了犹太人的国家，就是今天的巴勒斯坦地区，向犹太先知们学习，然后还去过遥远的恒河之滨，就是现在的印度，跟释迦牟尼的弟子们学佛，最后才回到欧洲。也有人说他离开埃及后就扬帆北上，跨过地中海，回到了欧洲。

在异国他乡漂泊了12年后，柏拉图于公元前387年回到了故乡雅典。

他在雅典办了一所学校，学校位于雅典城附近的一片小树林里。由于这片土地与传奇英雄阿卡德摩斯有关，便取名叫阿卡德米（Academy）。他的学校特别重视数学，据说校门口还刻着一句话：不懂几何学者不得入内。

公元前367年，柏拉图到了西西里岛上的叙拉古，目的是教育年轻的国王狄奥尼索斯二世，但这小伙子显然不认为几何学对他治理国家有什么好处，所以柏拉图只好走了，回到他的阿卡德米继续教书，直至公元前348年去世。

柏拉图逝世后，他的学校继续存在了近千年，直到529年才被东罗马帝国皇帝查士丁尼关闭。

欧洲的黑暗时代随之降临。

理想之国

柏拉图的著作众多，最有名的是《理想国》，该书记载了他最重要的思想。

关于理想国，柏拉图首先认为理想国的公民应当分成三类：普通人、士兵和护国者。

普通人是些头脑最简单的人，也是数量最多的一群，他们的职责是养活士兵和护国者。理想国的所有职业中，除了作战和治国，都由他们来干，如种田、经商、手工艺之类。他们的主要特点就是爱钱，一心只想发财。

士兵是直接管理国家的人，不仅仅有士兵和军官，还包括一些辅佐国王统治国家的人，如各级官员。他们的地位比普通人高，人数比普通人少，但比护国者多。

护国者就是哲学王了。柏拉图在《理想国》中谈得最多的就是这类人。

这三种人的身份并不是世袭的，而是全凭每个人的能力来决定。如何将这三种人分别从全体公民中甄别出来呢？答案是教育。

柏拉图的教育是分步骤、按部就班进行的。

首先要假定理想国是从一个不是理想国的地方从零开始建立的。不妨这样假设：有一天，某城邦的王死了，他是个热爱哲学的人，曾拜读过柏拉图的大作，嘱托死后由柏拉图来接掌王位，柏拉图大喜，便来到他的新王国，登基称王，史称柏拉图一世，改国名为理想之国。登基伊始，他随即着手筹建国家。

他的具体步骤如下：

第一步是将10岁以上的公民全部送到乡下去，因为柏拉图一世国王认为10岁以上的人们已经是朽木不可雕，教育当从儿童开始。

第二步是用教育对儿童们进行"洗脑"。这是第一期的教育，分体育与音乐两部分。

在这里，一切运动都是体育，甚至包括游戏，因为它们都可以强壮身体。

音乐则包括一切非体育的教育，柏拉图的音乐教育有两个特征：

一是反对强制性教育，强调要把最难学的课程也变得轻松活泼，课本则要编得"像诗歌一样优美"；二是对教育的内容要进行严格的审查，只有经过官方准许的东西才可以讲，其他一概不准，其中包括《荷马史诗》。

第二步的教育要花10多年时间，到孩子们20岁为止。

第二步结束后，要来一场大考，目的是要将所有孩子区分成两部分：通过考试的就继续学下去；通不过的就被淘汰，去做第一类公民——普通人。

这场考试是公平公正的，不管父亲是农民还是国王，会不会沦为普通人完全凭考试的结果来定。

顺利通过第一场大考的人将开始他们的第三步学习。

这次学习中要对他们的体质、思想甚至性格进行更全面、更严格的训练，为时长达10年，10年之后就进入第二轮大考，同样严格又公正。没有通过考试的人就去做第二类公民——士兵，通过了的人就可能进入最高的等级——护国者。

但通过考试仅仅代表了成为护国者的候选人。他们接下来要开始第四步学习。这个阶段主要学习的是哲学。

学习哲学的过程也有5年，目的是在哲学的思维训练中培养未来的护国者处理复杂事务的能力。

5年之后，这些身强体壮、受过良好的音乐教育，还懂哲学的人就可以做护国者或者说哲学王了吗？

不行，还早着呢！

接下去还有第五步、也是最后一步的学习，但这也是最难的一步。

这次学习的地点是社会。他们在这个社会中将成为普通人，如普通的商人、工匠或者农民。他们要学会在市场上同最狡猾的商人讨价还价，在铁匠铺里抡动沉重的大铁锤，头顶炎炎烈日在田地里摸爬滚打，为一日三餐流尽汗水。

但即使饿得头昏眼花，累得走不动路，他们也要想着自己是未来的护国者，即使在最困苦的环境下也要永远保持清醒的头脑，努力培养做一位哲学王所要具备的一切品质与技能。

也许他们中有的人会忍受不住生活的磨难，但那些经受住了这最后考验的人将是真正的、完美的护国者——哲学王。

这就是柏拉图的教育程序，在这些程序完成之后，全体公民将各得其所，成为普通人、士兵或护国者。

理想国里最重要的角色是哲学王。

哲学王并不是一个，而是若干个，所有哲学王必须生活在一起。但他们住的是小房子，吃的是最简单的食物。

哲学王有男有女，他们家庭生活的主要特点是没有固定的夫妻关系，所有男人是所有女人的丈夫，所有女人也是所有男人的妻子。

从这个角度上说，柏拉图是第一个彻底的女权主义者，也是第一个主张男女完全平等的人。

在理想国里男女的地位完全平等，一切事情，凡男人可以做的，女人同样可以，包括作战。在甄别全体公民的考试中，以及在平常的训练中，无论男女均一视同仁对待，女孩与男孩有同样的机会成为普通人、士兵或者哲学王。

理念是万物的本质

柏拉图的一个基本观点是认为可以感知的自然万物是不真实的。

因为这些自然万物有一个基本特点：有时它们看上去是美的，但有时又好像不美；有时它们看上去是正义的，但有时又好像不正义。简而言之，万物永远是矛盾的，具有自相矛盾的特性。在柏拉图看来，凡自相矛盾的东西都不是真实的，既然自然万物自相矛盾，因此就不是真实的。

自然万物不真实，什么才真实呢？就是理念。

理念，简单来说就是平常所说的概念，它是每一类事物的共性，或者用专业一点的名词来说是"共相"。

这个不难理解。但下一个问题就比较难了，就是先有理念还是先有具体的自然万物呢？例如，"是先有狗的理念还是先有个体的狗呢"？

按照柏拉图的观点，只有理念的狗、理念的猫、理念的桌椅板凳才是真实的，至于人们所看到的具体的狗、猫、桌椅板凳，都只是理念在人们眼中呈现的虚假映像，是不真实的。

在此，柏拉图提出了著名的"洞穴之喻"。

他在比喻里说，假定有这么一个洞穴，某些人生下来就被关在这个洞穴里。他们的脖子被牢牢锁住，只能朝一个方向看。在他们背后有一堆熊熊大火正在燃烧，在他们面前是一面墙，火把他们的影子投在墙上，他们终生就只看见这些影子。于是，他们会不可避免地将这些影子看作实在的东西，但对于造成这些影子的东西，无论是火还是他们自己，都毫无知觉。

柏拉图说，人，尤其是不懂哲学——具体地说就是不懂他的理念说——的人就像这些囚犯一样，那些影子就是人们所看到的个体之物。囚犯将影子看作真实，不懂理念的人将虚假的个体之物看作真实，他们对那造成个体之物的真实的理念一无所知。

这里再用一条具体的狗"小白"打个比喻：理念的狗是真正的狗，"小白"只是理念的真狗的幻象而已，当然是假狗。

如果进一步问：为什么只有理念的狗才是真实的狗呢？柏拉图说，这是因为理念的狗像其他一切的理念一样，是神创的，所以才更加完美而真实。

宇宙的创造

柏拉图的著作是以对话的形式写出来的，在他的所有对话之中，最早影响了西方世界的其实并不是《申辩篇》《斐多篇》《巴门尼德斯篇》这些极负盛名之作，而是《蒂迈欧篇》。

《蒂迈欧篇》为什么有这么大的影响力呢？有两个方面的原因：

1. 它是柏拉图的众多对话中第一篇被西方人看到的，伟大的古罗马演说家西塞罗最早把它译成了拉丁文。

2. 它的内容是关于宇宙起源的，与《圣经》的说法相似，深刻并很有意思。

柏拉图认为，在这个世界被创造出来之前也存在着某些东西，这些东西混乱不堪、没有任何秩序，胡乱地运动着。

这时候来了一个神，它觉得这样混乱不好，于是就创造出有序的世界。

神创造这些东西时，用的是何种原料呢？

关于世界由什么元素构成的是古希腊哲学家们偏爱的话题，如泰勒斯说是水，赫拉克利特说是火，德谟克利特说是原子，恩培多克勒说是水火土气四大元素等。

但柏拉图认为这些一概不是宇宙真正的元素，宇宙真正的元素是两种直角三角形：一种是正方形之半，另一种是等边三角形之半。柏拉图在数之外还加上了形，数与形的结合就构成了宇宙的元素。

为什么是上述两种三角形，而不是四边形呢？

柏拉图说，因为这两种三角形乃是最美的形式，所以神才以之构建宇宙。

柏拉图还认为人有两种灵魂，分别是不朽的与可朽的。可朽的灵魂简而言之就是人各种世俗的欲望,不朽的灵魂则要神圣得多。如果一个人能够克服他可朽的灵魂,即能够将各种世俗的欲望置之度外,那么他死后就会到天上一颗属于他的星星里幸福地生活下去。如果他是个坏蛋,他来生就会变成女人,如果他继续作恶,他就会变成畜生,这样一直下去,直到他再变成好人为止。

对西方文明影响最大的人物

如果一定要找一位对西方文明产生最大影响的人物,那肯定是亚里士多德。

公元前384年,亚里士多德出生在色雷斯的斯塔基拉。他的父亲是马其顿国王的御医,家里很有钱,所以亚里士多德从小过着阔少的生活,甚至挥金如土。大约18岁时,父亲把他送到了伟大的柏拉图门下。当时柏拉图学园的声望很高,有钱的父亲都希望儿子能够入学。

在阿卡德米,亚里士多德很快就超过了师兄们,被老师称为学园"智星"。他不但才智过人,而且酷爱读书和藏书,堪称历史上最早的藏书家之一,他的宿舍因此被称作"读者之家"。

这样平时读书、闲时购书,亚里士多德在阿卡德米一待就是20年,直到老师去世才离开。此后他去外地游历了几年,后来他的一个老同学、位于小亚细亚沿海密西亚城的统治者赫米亚斯请他去玩,还将自己的妹妹(或者是侄女)嫁给他为妻。

婚后不久,亚里士多德接到了一个重要的邀请:他父亲的旧上司、马其顿国王腓力二世请他去做王子的导师,这位王子就是未来的亚历山大大帝。此后三年他一直在教育这位年轻的王子。

三年后,亚历山大接替父亲的王位,开始了他伟大的征服,建立了包括希腊在内的庞大的亚历山大帝国。

弟子当了国王不久，亚里士多德便离开了马其顿。公元前335年，他效法老师，在雅典一个小树林里也建起了一座学校，取名叫吕克昂（Lyceum），也译作莱森学院。

每天，当旭日东升，亚里士多德便漫步在校园的草坪上、树底下，边走边谈，后面跟着他的弟子们。正是因为如此逍遥自在的学习环境，亚里士多德和他的学生们便被称作"逍遥学派"。

亚里士多德在吕克昂里一漫步就是12年，并在这里写出了他一生的巨著。

公元前323年，亚历山大大帝患恶性疟疾病逝，时年仅33岁。这时早已对他的统治愤愤不平的希腊人揭竿而起，他们不但要将统治他们的马其顿官员赶走，还把矛头指向了亚里士多德，说他是个亵渎神明的坏人。亚里士多德可不是苏格拉底，一见势头不对，便溜之大吉，按他自己的说法，这不是怯懦，而是不想给雅典人再加上一个扼杀哲学的恶名。

亚里士多德流亡到了一个叫加尔西斯的地方，第二年，亚里士多德在这里与世长辞，享年62岁。

最博学的人

关于亚里士多德的著作，有人说是400部，也有人说是1000部，现在当然没留下来这么多，但也已经不少了，仅中文的《亚里士多德全集》就多达10卷，其中收集的论文著作达50部，而且这还不是真正的全集。亚里士多德著作的内容囊括了现在被称为社会科学与自然科学的大部分领域，总结起来有以下四大部分：

第一部分著作是关于逻辑学，如《范畴篇》《解释篇》《前分析篇》《后分析篇》《论题篇》《辩谬篇》等。这些都是告诉我们如何思想的著作，亚里士多德的弟子们将它们以"工具"为题结集出版。

第二部分是有关自然科学的著作，如《物理学》《论天》《论生成和消灭》《机械学》《论不可分割的线》等。

第三部分著作有关美学，如《修辞术》《亚历山大修辞学》《论诗》等。

第四部分是他的哲学著作，包括《尼各马可伦理学》《大伦理学》《优台谟伦理学》《论善与恶》《政治学》《论麦里梭、克塞诺芬和高尔吉亚》，此外就是最有名的《形而上学》。

这些五花八门的著作集合起来简直就是一部百科全书。所以有人说，在亚里士多德的著作里，太阳下每一个问题都有其一席之地。

逻辑学的创立者

任何事情想做得好的话就需要有恰当的工具，例如钓鱼得有一根好钓竿，玩乒乓球得有一副好球拍。如果想正确地思考问题、正确地说话、正确地辩论，就离不开亚里士多德创立的逻辑学。

关于亚里士多德逻辑学的内容，这里只选择它一个最主要也与我们关系最密切的来讲，就是三段论。

三段论就是用三句话来证明一个结论。虽然它只有三句话，却足以将一个命题证明得天衣无缝——当然也是有条件的。这里举个例子：

凡人都会死。

老莫是凡人。

所以，老莫会死。

这个老莫可以改成任何一个或一些人。

三段论的三句话从上往下分别叫大提前、小前提、结论。

当然，我们在实际运用时不会采用上面这么完整的形式，而是一种简化的形式。举个例子，如我说："我要喝水。"这实际上就是个隐蔽的三段论，它可以进行这样的扩展：

凡人都要喝水。

我是凡人。

所以，我要喝水。

类似的例子在生活中几乎每天都会遇到。这是一种极可靠的思维方法。当然，它的可靠也不是无条件的。例如大前提要对，如果大前提错了，那结论就肯定不对。如第一个例子中，如果"凡人都会死"不成立，即有的人和孙悟空一样长生不死、寿与天齐，那么结论"老莫会死"也就不成立了，谁知道这个老莫是不是和孙悟空一样呢？

对万物、宇宙与生命的理解

亚里士多德与柏拉图主要的不同之处在于他没有一味沉醉于哲学与伦理学，而是更加关注自然万物，从而创立了西方世界最早的自然科学体系。

前面已经说过，亚里士多德在科学上的研究，从物理学、天文学、机械学、生物学直到气象学，可谓无所不包。这里就说说亚里士多德研究得最多，也最有影响的三个领域，分别是物理学、天文学、生物学。

物理学在亚里士多德那里就是研究自然万物内在原理的学问。但这里的"自然"与人们现在所称的"自然"有些不同，现在的自然就是自然界的万事万物，但在亚里士多德这里，这个"自然"是与"生长"有关的，也就是说它的自然倾向，由此可以明白地看到某种目的性。因此，亚里士多德正是这样来看待自然万物的：一个生物或者其他东西，它的自然就是它的目的，它的存在就是为了这个目的存在。

这个自然又可以用一个词来形容——运动。因为任何东西一旦存在就要发展，这个发展无论是什么形式，都是一种变化，不管是岩石的风化还是种子的发芽，或者仅仅是位置的改变，这些变化都是运动。亚里士多德所说的"运动就是潜存着的东西正在实现"，便是这个意思。例如一颗种子，它潜存着的东西就是它发芽的可能性，而当发芽时，由一种可能性变成现实性，它就是在"运动"了，这种运动，便是种子的"自然"。

总而言之，亚里士多德认为，物理学是研究自然的学问，也就是研究上述自然万物运动、发展、变化的学问。

亚里士多德的物理学研究的问题非常丰富，除万物与运动，还有对时间、空间以及天体等的研究，这些研究有一个共同特点：都多少与运动相关。

亚里士多德的天文学思想深深地影响了西方人对宇宙的理解。

亚里士多德首先把整个宇宙天体分成好多层，各层天体都是完美的球形，越往上天体就越神圣，创造世界的神自然处于最高一层的天体。

地球是宇宙的中心，太阳、月亮等其他所有天体都绕着地球转。

以月亮为界，月亮以上的所有东西都是无死亦无生的。月亮下面的东西则有生有死，地球上的万物，包括我们人，都是月亮下面的，自然属于有生有死之列。

亚里士多德还认为，宇宙万物都是由五种元素构成的，这五种元素分别是水、火、土、气和第五元素。

以月亮为中心，月亮以下的东西都是由水、火、土、气四种元素构成的，而月亮以上的其他天体则由第五元素构成。

水、火、土、气四种元素不是永恒的，它们彼此相克相生，有重有轻，如火是最轻的，所以它总是向上运动；土则是最重的，所以它总是往下掉；气和水介于两者之间，气比水轻一些。

这些理论现在看来并不科学，但统治了西方思想近千年之久，并且是最残酷的思想暴政。罗马教会运用宗教裁判所，对胆敢怀疑伟大的亚里士多德的人进行残酷批斗、无情打击。伟大的科学家布鲁诺就是因为支持哥白尼的"日心说"，认为宇宙的中心不是地球而是太阳而被活活烧死。

生物学的创立者就是亚里士多德。

亚里士多德最伟大的生物学贡献，就是认识到了生物的发展是一个连续不断的过程，所有生物都可以连续地从低级到高级排列起来，最低级到最高级构成了一个生物链。而且从身体构造、生活方式、后代繁殖到情感表达方式，都是渐进的，也就是说，每一环只比上一环进步了一丁点。

我们可以把第一级看作无生命的岩石沙土；再上一级是最简单的有机物；再往上是复杂一点的有机物，如蛋白质；再就是最简单的生命体，如细菌；这样，一级级往上，越过古生代的三叶虫、中生代的恐龙，直到人类。

亚里士多德也是最早研究遗传学的人之一，他曾听说有一个与黑种人结婚的姑娘，生下的孩子却是白种人，后来她的白种孩子们长大了，与白种人结了婚，生下来的孩子却又成了黑种人。这到底是什么原因呢？

亚里士多德没能解决这个问题，但他想到了这些问题：这姑娘的孩子一定有黑人血统，但它到哪里去了呢？为什么不在他们的皮肤、头发、眼睛上显示出来呢？为什么直到第三代才显示出来呢？

这些问题直到2000多年后才由现代遗传学之父孟德尔得出答案，这就是所谓的"隐性遗传"。

伦理学与幸福之路

亚里士多德说,伦理学不是一门理论的学问,而是一门实践的学问,所以他把他的伦理学规定为所谓的"实践哲学"。

他的伦理学也可称为"幸福生活指南",因为它只有一个目的,就是教我们如何得到幸福美好的生活,并为我们求得理想的幸福生活提供了一整套实践指南。

亚里士多德伦理学的核心概念是善。亚里士多德给了善一个很亲切的定义——善就是幸福,幸福就是最高的善。所以人们在追求人生幸福的过程中也就是在追求善。

亚里士多德说,幸福的前提就是一定的物质条件。

他认为穷人是谈不上幸福的,他们只会成天愁吃愁穿,为了填饱肚子而不择手段,哪有时间去追求什么幸福?相反,人有钱了便可无忧无虑,有闲情逸致去追求知识智慧,也就是去追求幸福。

但是不是有了金钱便有了幸福呢?当然不是!亚里士多德只认为没有钱万万不能,并不认为金钱万能。

亚里士多德认为,人之所以称得上人,是因为人是"理性动物"。这理性也就是人的思维能力,这正是人高明于其他一切动物的地方,所以人若要追求属于人类独有的幸福,就得关注理性,理性的核心有两个:一是自我克制,二是远见。

理性常要求人学会克制自己的欲望,不要在纵欲之中迷失了人生的正确方向。亚里士多德也认为理性克制欲望必须是有限度的,因为欲望对于幸福也是必要的。

但这两者常常是互相冲突的,怎么才能把它们融合在一起呢?就是中庸之道。

中庸之道能将欲望与理性结合在一起，从而达到幸福。

进而，亚里士多德认为美德就是中庸之道。比如，大家都会认为勇敢是一种美德，那么什么是勇敢？亚里士多德说，勇敢就是居于怯懦与鲁莽之间的禀性。

类似的，大方就处于吝啬与奢侈之间；抱负就处于懒惰与贪婪之间；谦虚就处于骄傲与自卑之间；诚实就处于沉默与多嘴之间；温和就处于麻木与激情之间；幽默就处于乖戾与滑稽之间；友谊就处于好斗与谄媚之间，等等。

由上可见，所有美德，像大方、勇敢、谦虚、诚实、友谊等都是中庸之道。如前所说，由中庸之道可以达到幸福，这里美德也是中庸之道，于是就得到了前面的结论：美德或者说善就是幸福。

政治学与治国之道

亚里士多德认为，在个人与国家之间最重要的不是个人，而是国家，他说，国家按其本性乃是先于家庭和个人的。国家是"隐得来希"，是个人的本质，个人如果离开国家，就像手离开身体一样，什么也不是。这可以说是他基本的政治学思想。

对于国家而言，最重要的当然是如何治理国家，这也是政治学的核心内容。

亚里士多德在世时，希腊各城邦之间争斗不休，到处一片混乱。雅典已经被斯巴达征服，而它被征服在很大的程度上是当时腐朽的民主制所导致的恶果。因为在民主制下，乌合之众动不动就起来造反，将军都经抽签产生，只要犯一点错就被随意撤职、放逐甚至处死。这样的政府自然是不稳定的，也难以持久。

痛心于这种现实的亚里士多德认为，一个政府首要的就是保持政治的稳定。

正因如此,任何改革都要小心进行,而且如果不是迫不得已,就不要轻易改革,改革所带来的好处很可能还抵不上其导致的坏处。

改革尚且如此,革命就更不必说,亚里士多德并不支持革命。他认为革命对国家与人民没有一点好处,即使偶尔看上去有些好处,也会被随之而来的更多坏处所冲没。所以国家要想尽一切办法消灭革命——不是镇压,而是将它扼杀于襁褓之中。

关于政治学的一个根本性问题,就是什么样的制度才是最佳政治制度。

对此,亚里士多德一共谈到了六种政治制度的利弊:君主制、贵族制、立宪制、僭主制、寡头制、民主制。

君主制就是国王为尊的政府,并且国王通常是世袭的,即父死子继。

贵族制是一群贵族共同为尊的政府,亚里士多德认为,这帮贵族并不一定是最有钱的,但血统高贵,而且品德高尚。

立宪制是介于民主制与贵族制之间的政府,它通常由一群不是很有钱,但有品德的贵族来治国,而人民有很大的权利,能够对贵族们施加影响。

僭主制是以凭武力或阴谋诡计夺取统治权的人为尊的政府,僭主不是君主,但他的权力往往和君主一样大。

寡头制是以富翁为尊的政府,某个富翁凭着财富而夺取了统治权,成为寡头。

民主制则是由全体公民一起当家作主的政府。

亚里士多德认为这六种制度各有利弊。

首先,他认为君主制是一种古老的好制度,像《荷马史诗》说的那样:"群雄共治可不妙,应奉一人做君王。"他认为人是分等级的,天生聪明的人理当成为统治者。但要是这君主是个坏人，这个政府自然也是坏的，这就是君主制的弊端。

至于民主制，亚里士多德认为民主制虽然存在很多弊端，但也有不少好处。因为人民以个体来论自然不如贵族们聪明，但要是他们能团结起来就会很强大。而且，一个或几个人容易变坏，但人数多了就不容易变坏。这样看来，民主制比君主制和寡头制更能维持好政府。

但总的说来，亚里士多德认为还是立宪制最好。

因为立宪制下是贵族和人民共同掌权。贵族们出身高贵、品德高尚，也颇有资财，这就使得他们愿意并能够做好统治者，安定国家，造福人民。而且在立宪制下，如果他们想变坏，就会违背法律，人民也会因此合法地起来反对他们，起到了很好的约束作用。同时，由于人民并不懂治国之道，要是平时也由着他们来管理国家大事，就会将国家治理得混乱不堪。所以国政由贵族们来执掌，而人民则在旁边随时监督，不准贵族们乱来。

由于立宪制是介于君主制与民主制之间的，因此亚里士多德在这里又走上了一条中庸之道。

形而上学

用一个专门词汇来表达亚里士多德的哲学思想，就是形而上学。

前面说过，柏拉图的理念说认为，理念是比个体的东西还要真实的。例如，"狗"这个词是比"小白"这条具体的狗更真实的狗，柏拉图的这个理念实际上就是所谓的共相或者说概念。

但亚里士多德不同意柏拉图的观点，他认为一个具体的词，也就是专名词，所指的东西才是具体存在的，是"实体"，亚里士多德称之为"第一实体"；而像狗、猫这样的词，以及形容词如伟大的、甜蜜的等，所指的只是"共相"，并不是实际存在的事物，亚里士多德称之为"第二实体"。"第二实体"自己不能独立存在，而只能附在具体东西上，成为它们的属性。

亚里士多德形而上学的另一个重要观点是对"形式"与"质料"的区分。

以"雪人"为例，雪是质料，人的形象便是形式。不难看出，形式与质料存在于同一个个体之内，每个个体的东西都是由形式与质料组成的。这里又有两个含义：第一个含义很简单，就是每个具体的东西里都含有形式与质料。但第二个含义则比较复杂，需要用一种发展的眼光来看。亚里士多德认为，世界上的一切事物都像生物一样，是不断生成长大、发展变化的。具体而言，就是在形式与质料的不断交替之中发展的。先是质料，然后形式由质料之中产生。产生后，形式自身又成了质料，从它身上会产生新的、更高的形式，如此循环往复，不断发展。

例如，有人家里现在有条老狗名叫老白，刚养时它是一条小狗，叫小白。这老白是如何在形式与质料的交替中生长发育起来的呢？

首先，眼下的老白是形式，老白的质料又是什么呢？就是小白，但这小白并不是单纯的质料，因为它也不是一开始就是那样的小白，而是由小白母亲肚子里的胎儿长大而来。于是，与胎儿比起来，小白就成了形式，而胎儿就是质料。

具体事物是由形式与质料共同组成的，并且有高低之分，形式比质料更重要。因为在有了形式之后，质料才能成为某种确定的东西，而使质料成为某种确定的东西的形式才是事物的本质。

再以雪人为例，它现在是一个美人的形象，人见人爱，这美人的形象是它的形式，而它的质料只是一堆雪。如果不把它堆成雪人，它就谈不上是什么东西，只是茫茫雪野上的雪而已，甚至都无法把这堆雪与其他的雪区分开来。正是形式——美人的形象，才使它成为一个实在的东西。总之，是形式使不是东西的质料成了东西。所以形式当然比质料重要。

其次，亚里士多德还认为，在形成事物的过程中，形式才是唯一的动力，质料不但不起作用，反而会阻碍事物的形成，就像雕刻大理石像一样，例如美丽的女神维纳斯，形式容易想出来，可质料大理石却以它的坚硬来阻碍雕像的诞生。

最后，虽然形式来自质料，但这个过程并不是无止境的，倘若不断地追根溯源，就会发现形式越来越多，而质料越来越少，形式越来越清楚，而质料越来越朦胧，到最后，质料就没了，只剩下纯粹的形式。

这纯粹的形式就是神，万物的创造者。

神不但是纯粹的形式，还是万物最原始的推动者，是神开始了"第一推动"。

当我们看每个具体事物的运动时，都可以找出具体的推动者或者说运动的产生促成者，例如汽车会动是因为有人在开，鸟会飞是因为有翅膀。但对于宇宙本身的运动呢？例如太阳东升西落，又是靠什么推动的？还有，宇宙本身有一个诞生、成长的过程，这过程也是运动，既然有过程，就有开始。那么这一过程是如何开始的呢？

对于这些问题，亚里士多德的一个主要观点就是不能无限制地将运动前推，而是必须找到一个最先的推动者，因为是其将世界推动起来的。

他还认为，在第一推动者推动之前，这个宇宙并非空无一物，所以并非真的从无到有地创造了世界，而只是推动了世界。

这个第一推动者到底是怎么样的呢？

亚里士多德对此有两种略有区别的说法。

第一个说法是，这个推动者就是神，神是一种"力"，但这种力可不是机械的力，而是一种原动力、一种终极的力，是宇宙万物的唯一形式，是生命的根本原则等。

第二个说法是，这个神是一种"思想"，因为在亚里士多德看来，没有比思想更好的东西，可以把神看作是一个无形但能思想、会创造的永恒之灵。

关于这神最后要说的一点就是：他虽然有力，却是谦谦君子。他在创造了世界之后所做的唯一的事就是静静地思考。

他如何处置这个他所推动的世界呢？就是让它自己运动下去。

不仅如此，这个世界虽然不是完美的，但既有形式，又有质料，这决定了它会不断地朝着新的更好的形式发展，变得与神越来越相近，也越来越美好。

第七章

西方文学的萌芽

西方文学的萌芽是古希腊神话。

古希腊神话的内容是很丰富的,不但包括了那些大家都听说过的诸神,如爱神阿佛洛狄忒、太阳神阿波罗、智慧女神雅典娜等,还包括了人类甚至整个世界的起源。

自古以来,这些神话都令西方人津津乐道,因为其中有许多精彩的神话故事,如特洛伊战争、伊阿宋智取金羊毛等,它们不但精彩纷呈,而且有着复杂的前因后果。大家听说过的那些有趣的神话往往只是其中一个片段,还有更多的前因后果。例如,当帕里斯诱惑美丽的海伦时,并非只因为他是一个好色之徒,他还受了爱神的诱惑;而爱神之所以诱惑帕里斯得到海伦,是因为她曾与天后赫拉、智慧女神雅典娜打赌谁是天上最美的女神,她要让裁判帕里斯判她赢,以帮她得到金苹果,这些便是前因。这个故事的后果就是特洛伊战争了。

西方文学的开山之作、不朽的《荷马史诗》就是从这些神话故事中,特别是从传说的特洛伊战争中诞生的。

我们现在就从天与地的起源开始,来讲述这些作为西方文学鼻祖的古希腊神话故事吧。

天与地的起源

关于天与地的起源,各大文明都有自己的神话传说。比如,中国古代的创世神话是《盘古开天地》。传说,天地并不是从来就有的,最开始时茫茫宇宙空间只是一片"混沌"。然后有一个叫盘古的巨人把这个混沌用斧子劈开,轻的那一部分往上飘,变成了天;重的那一部分则往下沉,变成了地。西方也有创世的传说,《圣经》里的第一句就是:"起初,神创造天地。"

古希腊人的天地起源传说又是另一番景象。

话说很早以前,天地间本来是一个空壳子,像一只真空的玻璃瓶。后来不知过了多久,渐渐地有了一个东西,名叫"混沌"。这个"混沌"既非天亦非地,就像盘古诞生前的那个东西一样。

又不知过了几千几万年,一天,终于有个东西自"混沌"破壳而出,它就是古希腊的第一个神——盖亚。

这个盖亚就是大地母亲,甚至可被称为万物之母,正是她诞下了世间万物。

她首先生下的是儿子乌拉诺斯,与盖亚地母的身份相对,乌拉诺斯则是天父。生下儿子后,由于这个世界尚无别的男人,盖亚便嫁给了自己的儿子。

他们两个都是身强力壮的天神,不久便生下了6个孩子,其中3个只有一只眼睛,另外3个则有50个头和100条胳膊,简直像怪物一样。

生下6个怪物般的孩子后,盖亚与乌拉诺斯又生了12个孩子。这12个孩子不但正常,而且都长得十分漂亮,身材彪悍,被称为泰坦神族。

虽然如此，父亲乌拉诺斯却不爱他们，据说孩子们出生后他就把他们重新塞进母亲盖亚的身体，也有说法是把他们关在了地底，这两种说法其实都成立，因为盖亚本来就是大地之母。

看到丈夫如此对待自己的孩子，盖亚既伤心又生气，终于决定奋起反抗。

她不敢一个人这样做，便同地底下的儿女们商量。想不到十几个儿女竟然没有一个敢站出来反抗暴虐的父亲。唯有那最小的儿子克洛诺斯响应母亲的号召，母子俩便暗暗定下一计。

盖亚预先弄来一把大弯刀交给儿子。这天，夜色朦胧，乌拉诺斯和往常一样走进妻子的卧房，宽衣解带，准备睡觉。克洛诺斯突然从暗处冲过来，一刀把他的阳具割了下来。乌拉诺斯痛苦得大吼，鲜血淌向大地，立刻化成了一些怪物，其中有复仇女神，还有一群身体像山一般巨大的怪物。最有趣的是他的阳具被割下来后掉到了海上，一直漂到塞浦路斯岛附近，在那里化成了一片雪白的泡沫，在泡沫之上慢慢浮起了一个绝色美女，她就是爱与美之神阿佛洛狄忒。

失去了阳具的乌拉诺斯再也没有力量控制强壮的儿子们，克洛诺斯便将兄弟们释放出来，不过他只释放了11个健美的泰坦神兄弟，没有理睬那6个怪物兄弟。

此后，以打败了父亲的克洛诺斯为首建立起了第二代"神朝"。

克洛诺斯上台后的统治与前朝并无二致。首先，他虽然没有娶自己的母亲，但娶了自己的姐姐瑞亚。其次，父亲的下场令他感到自己也有可能面临同样的危机，于是他决定提前准备，做到有备无患。

每当瑞亚生下儿子，他不只是把他们关在妻子身上或者地底下，而是一口吞到自己的肚子里。

看到丈夫与父亲一样的坏，瑞亚很伤心。所以在生第六个孩子前，她预先躲到了克里特岛，在一个山洞里产下了孩子。

这个孩子名叫宙斯。他在岛上顺利长大，父亲并没有来找他，因为母亲瑞亚已经把一块石头搬回去，谎称这就是她生的孩子，克洛诺斯毫不怀疑，将其吞下肚去。

长大后的宙斯十分孔武有力，也很机灵。有一次，他去见自己的父亲，说他有一副灵丹妙药，吃了后对身体大有好处。克洛诺斯竟天真地相信了这个年轻的陌生人，一口将那副灵丹妙药吞了下去。但一会儿后，他就感到一阵恶心，口一张，"哇"的一声，把肚子里所有的东西都吐了出来，包括五个活生生的孩子和一块大石头。他们一出来，便同宙斯一拥而上，将还没有缓过劲儿的父亲一举制服。

从此便开始了以宙斯为首的第三代"神朝"。

宙斯虽然当上了神王，但地位并不稳固。克洛诺斯的众泰坦神兄弟，并不服从宙斯的领导，他们向宙斯所住的奥林匹斯山大举进攻，宙斯抵挡不住，万般无奈之下，只得释放出被关在地下的独眼和百臂巨人。独眼和百臂巨人感谢宙斯给他们自由，站到了他这一边。就这样，宙斯势力得到增强，与泰坦神之间展开激烈的战斗。

经过十年苦战，宙斯获得了最后的胜利。泰坦们被打下地狱，囚在一个暗无天日的地洞里。

并非所有的泰坦都反对宙斯，也有一小部分同宙斯站在一边或者保持中立，以后他们还将扮演一些重要的角色。

打败泰坦们后，宙斯接着又打败了前来寻仇的由乌拉诺斯的血化成的巨人族。

诸神的传说

经过这两场激烈的神界大战后,宙斯方才坐稳了宝座,开始了对神界的大规模治理整顿。

宙斯建立了一个神的国度,因为在宙斯之前的两代神朝其实只是两个神的部落而已,神们各无职司,只服从一些原始的族规。

现在,在这个神的国家里,众神各有职务,有的掌管武力、有的掌管爱情、有的掌管太阳等。

高高在上、居于统治地位的是宙斯。他是众神之王,手握雷电巨盾,决定着一切神与人的命运,并且像帝王一样给诸神委派职务。

首先,宙斯和他的两个兄弟波塞冬和哈迪斯分别统治天地、海洋与冥界,宙斯自己统治最好的一部分——天空与大地,波塞冬统治海洋,哈迪斯统治冥界。宙斯的具体职责除了决定天上和凡间种种大事,还有就是控制天气,例如他抖一下盾牌,立即就会阴云密布、暴雨倾盆,他要是不抖就会风和日丽、阳光普照。

宙斯的妻子也是他的妹妹,名叫赫拉。赫拉是天后,就地位来说仅次于丈夫宙斯,但她的实际权力相当有限,只是婚姻和妇女们的保护神。如果谁想生孩子或者想找个好丈夫,可以去求她。

赫拉天性善嫉。她的丈夫宙斯十分风流,与许多女人生下了孩子,每当得到这样的消息,赫拉总是大兴醋海风波,必欲将情敌及其子女置之死地而后快。

阿佛洛狄忒是爱神。关于她的身世有些复杂,传说,她是乌拉诺斯阳具掉到海里变出来的,但也有不少人说她是宙斯的私生女。她的职责顾名思义应当是掌管爱情,但实际上并不是,真正掌管爱情的是她的儿子厄洛斯。他有两支箭,一支是金子做的,他要是用这支箭射中了人,这人就会产生爱情；还有一支是用铅做的，他要是用这支箭射中谁，谁就会弃绝爱情。因此，阿佛洛狄忒掌管的不是爱情，而是性，或者说生殖。

爱神的主要特点有两个：一是长得特别美，堪称天上女神中最美丽的一个，二是她特别容易"失身"。她本是工匠之神赫菲斯托斯的妻子，这位丈夫虽然能打造最好的兵器，但天生是个跛子，面貌也丑陋无比，连他的亲生母亲赫拉都讨厌他，不愿认这个儿子。阿佛洛狄忒亦无法忍受这样的丈夫，她并不喜欢赫菲斯托斯，于是经常出去找乐子。她的情夫就像宙斯的情妇一样，数不胜数。莎士比亚的诗作《维纳斯与阿多尼斯》就描写了她是如何勾引年轻帅哥并让他当自己情夫的。

古希腊神话中还有一个重要的女神是雅典娜。

在所有的女神中，她也许不是最美的，但肯定是最受人尊敬的。她本是宙斯的孩子，来历却有点特别。原来宙斯的第一个妻子叫墨提斯，她是智慧之神，曾帮宙斯打败乌拉诺斯。她预言她生的孩子将比宙斯更伟大。宙斯害怕重蹈祖父和父亲覆辙，于是就干脆将墨提斯连同她肚里的孩子一口吞了下去。不久，他的头剧痛起来，就叫人用斧头砍开脑袋，一个全身披着银光闪闪的铠甲的女将军从砍开的口子里蹦了出来，她就是雅典娜。

古希腊有大量关于雅典娜的传说，其中最有名的就是西方文明的摇篮——雅典城命名的故事。

雅典初建时并没有名字，后来人们打算以一个神的名字来命名，这个神也将成为雅典的保护神。许多神都来抢这个美差。经过一番争夺，最后只剩下雅典娜和海神波塞冬。两人决定各自为雅典人献上一件礼物，看谁的礼物对雅典更有用，谁就是优胜者。

只见波塞冬用他的三叉戟往地上一插，刹那间在人们眼前冒出了一匹马，扬蹄吐气，神骏无比。正当波塞冬为他这件威力无匹的礼物而扬扬得意时，雅典娜却不客气地告诉他："他这个礼物只会给人们带来战争与灾难，哪里有什么好处？"说罢，她把自己的礼物拿了出来——一棵绿油油的橄榄树。它全身都是宝，例如它的果实能榨油，油对人们生活的重要性不言而喻。

就这样，雅典娜最终赢得了比赛，城市便以她的名字命名，称为雅典。

在雅典乃至整个古希腊世界，人们对雅典娜极为崇拜，每年的泛雅典娜节是古希腊人最隆重的节日，就像中国的春节和西方的圣诞节一样。

与雅典娜一样，阿波罗也是古希腊人最崇拜的神之一。他是宙斯的儿子，在众神当中，他的地位与权力仅次于宙斯。他还有一个名字叫福玻斯，就是光明或纯净之意，从这个名字就知道他是光明的化身。

除了权力大，阿波罗的主要特点似乎是不怎么讨女孩子喜欢。这确实很奇怪，他既是神，又长得十分俊美，但他的爱情之路十分坎坷。关于他的爱情最有名的传说是他和达芙妮的故事。

阿波罗爱上了达芙妮，每天跟在她后面，不停地赞扬她的美。她确实很美，不但美，而且贞洁无比，所以心中压根儿没有爱情。不管阿波罗在后面如何追求她，她只是一个劲地飞逃，她逃跑时，风儿吹动着她单薄的衣衫，更衬托出她的美，阿波罗被迷得如醉如痴。本来他怕追急了达芙妮会摔倒，因此速度并没有很快，只是跟在后面求爱。现在，被爱情之火烧迷糊了的阿波罗再也想不到其他，他开始加快步子猛追。柔弱的达芙妮哪有阿波罗的脚力，不久便气喘吁吁，跑不动了。她听到后面的脚步声越来越近，情急之下，她对父亲珀涅俄斯河的河神喊道："唉，父亲，帮帮我！唉，大地，快裂开吞我进去吧！或者将我这个百忧之源的躯体变了样吧！"

话刚说完，她的祈求立刻得到了回应，刹那间她的骨节便僵硬起来：她的脚下长出根须，深深扎入了大地；她的秀发变成了翠绿的树叶，在风中摇曳；她曲线玲珑的身躯化成了挺拔的树干。

阿波罗见此，一边伤心落泪，一边发誓要好好珍惜这棵树，让它成为优胜与荣誉的象征，一年四季翠绿长青，像青春永驻的仙姬。

这就是月桂树，现在仍是优胜的象征。在古希腊，无论是诗歌比赛还是奥林匹克大会，优胜者的奖品不是金银财宝，而是一个用月桂枝扎成的圈子，最优秀的诗人们也被称为"桂冠诗人"。

阿瑞斯，是宙斯与天后赫拉的孩子。但他的父母都不喜欢他，因为他脾气太暴躁，虽然是战神，打仗却总是输。据《荷马史诗》说，有次阿瑞斯甚至被凡人一枪刺中肚子，痛得哇哇大叫，跑到父亲那里去告状，反被宙斯大骂活该。

传说阿瑞斯曾与爱神阿佛洛狄忒私通，厄洛斯正是他们的私生子。

阿尔忒弥斯是一个十分可爱的女神。她是宙斯的女儿，阿波罗的孪生姐姐，职责是掌管大自然的生灵们——动物与植物。喜爱自然的希腊人都很崇拜这位保护自然的女神，他们曾在以弗所建起一座规模巨大的神庙来祭祀她，号称世界七大奇观之一。她的另一个特点是贞洁。如果说爱神阿佛洛狄忒是性欲的象征，她则是贞洁的表率。

狄俄尼索斯是酒神。关于他的传说也有很多。他也是宙斯的儿子，母亲是一位凡间公主。当初赫拉嫉妒这位公主和宙斯的关系，便唆使她求宙斯显出本相来证明自己是神，宙斯被缠不过，答应了。但他一显身，美丽的公主便因承受不了伴随主神出现的雷火而刹那间香消玉殒。

在古希腊，狄俄尼索斯主要是女士们崇拜的对象。平时端庄稳重的淑女们一到每年的某个时候就像变了个人一样，她们成群结队地离开家，到森林里，披着小羊皮甚至赤身裸体，在笛子和铜鼓等的伴奏下舞蹈。而且她们的活动是绝不许男人参加的，据说曾有一位国王想窥探她们，结果立刻被撕成了碎片。

除上述这些神外还有许多其他神，他们中有些也很有名，如文艺女神缪斯、畜牧神潘恩等，这里便不再赘述，下面让我们把目光由神转向人，说说人类自身的故事。

第八章

古希腊文学的主角

古希腊的文学除了和神有关，和人也有着密切的关系。

如同神有起源一样，人也有其起源，人类的起源也与神有关，是古希腊神话的一部分。

人类诞生的故事

在古希腊的神话中，人类分为好几代。

第一代人类是由盖亚在生神乌拉诺斯时一并生下的。他们同河流山川以及各种各样的动植物一起从大地之母盖亚的肚子里掉落下来，从此在大地繁衍生息。

第一代人类虽然来得这么简单，好像同那些无情的草木没有区别，但实际上他们恰恰是最幸福的人类，被古希腊人称为"黄金的人类"，他们生活的时代也是人类的黄金时代。

在这个时代，人类就像神一样，青春永驻。他们甚至不会生病，因为当时世界上还没有疾病这种东西。他们在大地上无忧无虑地生活着，没有劳累，大地为他们提供丰富的食物，他们无须耕耘也有收获。因此，他们可以把所有时光都花在享受人生上。当死亡来临时，他们也不会因沉入地狱而受苦，因为人人都会上天，在天上继续幸福地生活着，并且随时看着凡间的人们，保佑他们，为他们排忧解难，让子孙们更加幸福地生活。

到了以克洛诺斯为首的第二代神朝，克洛诺斯虽然对子女不好，但对其他神与人都很好。因此，这时候神与人之间的关系也十分和谐，人仍处在黄金时代，甚至他们的地位同神也差不多，神并没有把人类降到要侍候他们的地位。

这个黄金时代的人类后来如何不得而知，接下来开始了第二代的人类。

这第二代的人类被称为"白银的人类"。

这些人类与上一代人类生活差别相当大，但总的来说过得还不错。他们的主要特点是享有一个漫长无比的童年，有百年之久。在这期间，他们受到母亲的百般疼爱，天天在大地上无忧无虑地跑来跑去，玩着游戏，快乐无比。

当他们长大后，生命也快要结束了，因为童年已经耗掉了他们生命中的绝大部分时间。在这短短的成年期，这些白银时代的人们就没有黄金时代的人过得那么好了。他们放纵自己的情感，一切随心所欲。人一旦不能节制欲望就可能做出许多危险的事情来，因为人的本性使然，会为了满足自己的欲望而不去考虑他人。

人类的放纵不但令他们的成年短暂，而且令他们得罪了神。因为沉浸在纵欲之中的人不但不会考虑他人，甚至也不会考虑神的感受。如果是在黄金时代，他们也许不会遭受多么严厉的惩罚，因为那时的神王是对神和人都比较温和的克洛诺斯，但现在统治上天的是宙斯，他有浓厚的阶级观念，认为人天生就低于神，因此人必须尊敬神，并且必须献上适当的祭品来表达这种尊敬。

既然人不能做到这点，他当然不喜欢人类，因此宙斯毁灭了他们。

之后宙斯便创造了第三代人类，就是"青铜的人类"。

这些人类比白银的人类还不如，但他们也有自己的优点，他们魁梧强健，有着使不完的力气。不过这些优点到了他们身上又成了缺点，因为他们不是用力气来耕耘收获，而是互相残杀，如一群嗜血的野兽，以战争与屠杀为乐。

他们死后既不会像黄金时代的人类一样上天继续过着幸福的生活，也不能像白银的人类一样死后在大地游荡，而是变成鬼魂下到暗无天日的地狱受苦。

宙斯对这些人更加讨厌，于是毫不客气地毁灭了他们。

此后宙斯便接着创造了第四代人类——"黑铁的人类"。

半神半人的英雄

乍看这些黑铁人类似乎应当不如青铜的人类，然而恰恰相反，这第四代的黑铁人类比以前任何一代的人类都要高贵，因为他们是包括宙斯在内的众神与凡间男女所生的孩子。

这些半神半人的英雄既高贵又智慧，还酷爱争斗，就像青铜时代的人类一样。不过他们的争斗不再是一味血腥的杀戮，而是充满了崇高的英雄主义。

这些英雄死后，有的变成了神，同奥林匹斯山上的诸神一样永恒，其他的也不会下地狱，而会在宙斯赐给他们的极乐岛上过着无忧无虑的幸福日子。

古希腊人认为他们自己就是第四代人类，他们也同英雄一样是神的后代。

　　这种神人同源是古希腊神话中最引人注目的特点之一，对古希腊文学产生了极大的影响，无论是古希腊文学的开山之作《荷马史诗》，还是古希腊悲剧，都与之有千丝万缕的关联。

　　前面说过，青铜的人类由于做尽恶事，被宙斯灭了。他们到底是如何被灭的？又如何诞生了黑铁时代的人类呢？这里还有一个精彩的故事。

　　话说宙斯看见下界的人类做尽了坏事，准备毁灭他们，但在实施毁灭之前，他亲自下凡考察了一番，碰到了一个叫吕卡翁的国王。吕卡翁不仅不敬神，甚至想戏弄神。他杀了一个人，送给宙斯当晚餐。

　　面对如此恶劣的人类，宙斯不再抱任何希望，他将被关在山洞里的爱下雨的风神—南风放了出来，它一出来就张开了阴郁的翅膀，将天地变得一片黑暗，像太阳被创造出来之前一般。粗大的水柱从他的胸膛涌出来，豆大的雨点像他的头发一样密集。宙斯的雷霆震撼着大地，如同为将要死灭的人类放的丧炮。宙斯的兄弟海神波塞冬也用他巨大的三叉戟摇撼着大地，河流在他的激发之下疯了一样地从束缚它们的堤坝里冲出，将一切人类和他们所辛苦建立起来的东西淹没。

　　就这样，人间就剩下了两个人，一个是丢卡利翁，另一个是他的妻子皮拉。丢卡利翁不是普通人，他的父亲是伟大的泰坦神普罗米修斯，他自己又是一个好人，是青铜的人类里最好的一个。

　　当众神决定毁灭人类时，丢卡利翁的父亲普罗米修斯提前告诉了他这个消息。于是他预先造了一只小船，当洪水来时，夫妻俩便坐了上去，像断了线的风筝一样在洪水中漂荡。

　　后来他们漂到了帕尔纳索斯山。这时候其他人类都已经被毁灭了。宙斯知道这两个人是敬畏神的，便收起了洪水，让他们存活下来。

他们的小船停在了帕尔纳索斯山下。这时宙斯又把南风重新关进了山洞，让北风吹散了乌云，波塞冬也收起了洪水。不久，天地又变得分明起来。

然而，经过大洪水冲击的大地只有无穷的荒凉，辽阔的天地间一片死寂，万籁无声。

看到这情景，丢卡利翁夫妻二人不由得抱头痛哭。哭了一阵后，他们在蒙眬泪眼中看到了象征着法律与正义的女神忒弥斯的神坛已经被洪水冲毁了大半，不由得跪了下去，对着女神祈求道："女神呀，请告诉我们，我们该如何再创造被消灭了的人类？请帮助我们让世界重生吧！"

一个声音在他们耳边响起："从我的神坛前离开，解开你们身上的衣服，蒙着你们的头，把你们母亲的骨骸掷到你们的后面。"

这是个古怪的命令，丢卡利翁夫妇开始还有些困惑，突然眼睛一亮，猛然醒悟过来：我们的母亲不就是盖亚吗？盖亚不就是大地吗？母亲的骨骸不就是地上的石头吗？

他们立即按照神的指示，用衣服蒙着头，然后拾起地上的石头往身后抛去。

那些抛在地上的石头很快由坚硬变得柔软，慢慢地长出了皮肤毛发，站了起来，最后变成了人。

这就是黑铁时代人类诞生的经过。这些人中将会诞生古希腊伟大的英雄，以后的历史就是这些英雄的历史，他们也将成为古希腊文学的主角。

这些主角有许多，其中最了不起的一个叫赫拉克勒斯，他也是黑铁时代人类中最伟大的英雄。

最伟大的英雄

在古希腊所有伟大的英雄中，最伟大的无疑是赫拉克勒斯，他之所以伟大，并不全是因为他力量大，而是因为他所完成的事业也是伟大的。

赫拉克勒斯出身高贵，父亲是万神之王宙斯，母亲名叫阿尔克墨涅。阿尔克墨涅是梯林斯和迈锡尼国王之女，她的丈夫安菲特律翁是著名的英雄珀尔修斯的孙子。

由于阿尔克墨涅极为美丽又聪明，宙斯爱上她后便化身为她的丈夫和她同床，第二天她又和丈夫安菲特律翁同床，后来怀上了双胞胎儿子，但是两人的父亲不同，赫拉克勒斯的父亲是宙斯。

有预言说她的孩子将成为一个伟大的英雄，善妒的赫拉得知后大怒，发誓要消灭那个孩子。阿尔克墨涅当然知道赫拉的厉害，但作为凡人，她自知无力抵抗，只好生下儿子后忍痛把他丢到了野地里。

有一天，智慧女神雅典娜同天后赫拉路过这里，雅典娜看见这可爱的婴儿，就疼爱地把他抱了起来，她又见这孩子饿得哇哇大哭，于是恳请赫拉喂奶给他喝，赫拉见他可怜便同意了。

虽然只喂了几口奶，但天后的乳汁中自带神力，足以令赫拉克勒斯终生受惠。

接着，雅典娜又把孩子抱到了住在附近王宫里的阿尔克墨涅那儿，请她收养这个"孤儿"。阿尔克墨涅认出是自己的孩子，认为逃过了赫拉这一劫，于是欢天喜地地答应下来。

但赫拉不久后便知道了真相，后悔不已。狂怒之下，她将两条最毒的巨蛇投下凡间，让它们把那小孩咬死。

这时正是中午，小赫拉克勒斯在午睡，两条巨蛇趁机悄无声息地溜进来，紧紧地缠住了他。

小赫拉克勒斯从睡梦中醒来，觉得不舒服，就随手捏住了那让它不舒服的东西，竟然把那两条巨蛇捏死了！

长大后，父亲给了他最好的教育，例如著名的半人马喀戎教他武艺，太阳神阿波罗的儿子里诺斯教他读书识字还有音乐。赫拉克勒斯也显示了出众的天赋，学得很快。但他的脾气比较暴躁，有一次里诺斯打了他，赫拉克勒斯愤怒之下顺手抓起身边的里拉琴朝老师扔去，竟然打死了老师。

父亲很担心儿子的暴躁脾气将来会惹大麻烦，便派他到乡下去牧羊。

赫拉克勒斯在乡下一天天长大，到18岁时已经身长一丈，十八般武艺样样精通，是全希腊最漂亮、最强壮的小伙子。

不但如此，赫拉克勒斯这时候已经开始思考他的人生。有一天，当他正进行这样的沉思时，看见两个身材高大的女子向他走来。一个看上去美丽、高贵又有礼貌，穿着雪白的长袍，她的名字叫"美德"。另一个则更加妖艳多姿，皮肤雪白，散发出一股好闻的香水味，穿的衣服也很华丽。她看上去对自己的美丽很满意，不时四处望望，看别人有没有注意到她。她的名字叫"享受"。"享受"本来走在"美德"的后面，看到赫拉克勒斯后，抢先一步走到了他跟前。她对赫拉克勒斯说："赫拉克勒斯，我看你还没有决定将来究竟要走什么路。假使你选择我做你的朋友，我会引导你走最平坦最安适的路。那里没有你得不到的快乐，也没有你不能避免的痛苦。你将不会参加任何战争，也不会遭受任何磨难。你可以毫不费力地享受人生的幸福，天天饱餐美味、畅饮美酒，夜晚在柔软的床榻上酣睡。而且，所有这些享受你都可以毫不费力地得到，因为你将收获别人劳动的果实。"

这自然让赫拉克勒斯有些动心。这时候"美德"也走上前来，她说："赫拉克勒斯啊，我认识你的父母，清楚你得到的教养，也知道你天赋异禀。正是这些使我觉得你可以选择我指给你的路，这条路上没有不劳而获，如果你想要赢得属于胜利者的荣耀，就必须勇敢战斗；如果你想要别人爱你，他就要帮助他们；如果你想要城邦尊敬你，你就要为城邦作出贡献。因为只有这样，你才能成为一个正直而伟大的人物。"

这时"享受"打断了"美德"的话，她对赫拉克勒斯说："亲爱的赫拉克勒斯啊，如果听这个女人的话，你将要走遥远又艰难的路，由此你又能得到多少幸福？哪比得上我给你指引的路，可以轻轻松松地得到那样多的幸福！"

"美德"一听，摇了摇头，长叹一声，对赫拉克勒斯说："赫拉克勒斯啊，那样的生活其实并不美好，在那样的生活里你也不会了解真正的快乐。因为你在饥饿之前就饱餐，在口渴之前就痛饮。你想喝最美的酒，但最美的酒也不能使你满足，你想睡最软的床榻，但最柔软的床榻你都会觉得太硬，因为你永远不会满足。如此，你把所有美好年华都浪费在这种无益的享受上，到了老年时才懊悔原来虚度了一生。那时候你才会为自己感到羞愧，心中满是沉重的负担。赫拉克勒斯啊，如果你选择我指引你的路，你将被神祇和善良的人们齐声赞美、热烈欢迎。你将是穷人的安慰者、孩子的守护人，你将保卫和平，将有忠实的盟友、忠贞的伙伴。你将帮助一切善良的人们，获得人们的爱戴，成为国家的荣耀。即使到了走向死亡的那一天，你也不会死得默默无闻。你的英名将留存人间，万世不朽！赫拉克勒斯，请你选择这样的人生吧，这才是真正属于你的幸福！"

赫拉克勒斯听完两位女子的话，经过了一番激烈的思想斗争后，决定选择第二条道路，并为希腊人民建立了不朽的功勋，最终实现了他的幸福。

这时候的希腊大地还是一片蛮荒，有三样东西让人民痛苦不堪：一是到处横行的毒蛇猛兽；二是妖魔鬼怪；三是一些坏人，特别是暴君，他们残害人民，无恶不作。赫拉克勒斯决定替天行道，将这些东西从人间铲除。

他最早的功绩之一就是消灭暴君弥倪安斯（又译作埃尔吉诺斯）。弥倪安斯征服了忒拜（又译作底比斯）后，每年索要繁重的贡赋。赫拉克勒斯惩罚了前来的使者，然后率领一小队勇敢的战士攻打弥倪安斯。经过一番血战，赫拉克勒斯取得了胜利。忒拜王克瑞翁出于感激，把女儿墨伽拉嫁给了赫拉克勒斯，连众神也送给了他不少好东西，如阿波罗送他神箭，众神之使赫尔墨斯送给他一柄无坚不摧的剑，雅典娜则送给他一个坚固的盾。

有了这些神器，赫拉克勒斯如虎添翼，不仅在人间没有对手，有时候就是神也打不过他。有一次他甚至在危难中挽救了众神，因此有了一个响亮的称号——奥林匹斯人，奥林匹斯是众神所居之山，这个称号意味着赫拉克勒斯已经和神一样强大。

这时候赫拉克勒斯似乎已经功成名就，可以享受成名带来的幸福了。但相反，他此后的人生之路将是漫长的痛苦之旅。

为什么会如此呢？这是因为宙斯曾经公开宣布珀尔修斯的长孙将统治国家，他的本意是要让赫拉克勒斯第一个出生，但赫拉使诡计让珀尔修斯的另一个孙子欧律斯透斯提前出生。这样一来，按照宙斯的神谕，欧律斯透斯当上了阿尔戈斯的王，而赫拉克勒斯便是他的臣民。

这时欧律斯透斯也已听闻赫拉克勒斯日益增大的名声，不由得生出嫉妒，便下令，要赫拉克勒斯去觐见他。

赫拉克勒斯并没有将欧律斯透斯放在眼里，但宙斯不愿自己的神谕受到违逆，他告诉赫拉克勒斯必须接受欧律斯透斯的命令。这个命令对于赫拉克勒斯而言无异晴天霹雳，他痛苦极了，心乱如麻。这时候赫拉看到有机可乘，立即再次使出了诡计：她让赫拉克勒斯痛苦得发疯，诱导他在疯狂中杀死了自己和忒拜王的女儿墨伽拉的三个儿子。

清醒后赫拉克勒斯知道了自己的行为，痛心疾首，也知道了何谓命运。他以英雄的气概接受了命运，臣服于欧律斯透斯，并决定完成欧律斯透斯指派给他的任务。

这些任务都极为艰巨，从此赫拉克勒斯的一生在不断的劳苦奔波之中度过，一项又一项地完成欧律斯透斯交给他的艰难无比的任务，其中的第十一项是这样的。

当初，宙斯同赫拉结婚时，众神都送了礼来，其中就有他母亲地母盖亚的礼物：一棵枝繁叶茂的苹果树，上面结着金苹果。

宙斯对这件礼物十分看重，将它种在世界的尽头并派夜神的三个女儿负责管理种有苹果树的圣园，又派了一条巨龙守着苹果树。这条巨龙有100张嘴，一张嘴会发出一种声音。

赫拉克勒斯接到欧律斯透斯的命令，要他去取回几个金苹果。

和往常一样，赫拉克勒斯义无反顾地开始了他的新征途。但他并不知道那棵苹果树在哪里，只好像无头苍蝇一样到处乱闯。

后来他到了一个叫忒萨吕的地方，在那里遇到一个巨人。巨人的头如同花岗岩一般坚硬，他是个凶恶的家伙，每当看到旅人，就会一头撞去，将别人的头撞得粉碎。他看到了赫拉克勒斯，也像往常那样一头朝他撞去，然而，这次头被撞碎的却是他。

赫拉克勒斯继续前行，又遇到了一个怪物，它见到赫拉克勒斯，不问青红皂白地向他挑战。赫拉克勒斯只能迎战，并将它杀死。

但这下赫拉克勒斯惹麻烦了，这个怪物是战神之子。战神看到自己的儿子被杀，怒气冲天，下凡来同赫拉克勒斯决斗。赫拉克勒斯没办法，只能硬着头皮迎战。宙斯不愿意看到自己的两个后代互相残杀，便用雷电将他们分开。

赫拉克勒斯仍旧到处漫游，询问金苹果树的位置。

后来他来到一条河边，遇到一群仙女，她们也不知道金苹果在何处，但给赫拉克勒斯出了一个好主意。她们说，有一个年老的河神知道过去和未来的一切事情，并且告诉了他对付河神的办法。赫拉克勒斯按她们的指示找到了河神，这个河神懂得变化，但赫拉克勒斯已经知道了对付他的办法，任他怎么变也逃不出他的掌心。最后河神只得乖乖投降，告诉赫拉克勒斯金苹果的所在。

在去拿金苹果的路上，赫拉克勒斯还做了许多好事，例如，杀了海神波塞冬的儿子——残暴的埃及王，其中最大的一件好事是释放了被宙斯锁在高加索山上的普罗米修斯。

普罗米修斯是一位伟大的全心全意为人类服务的泰坦神，自古以来就受到西方人的尊敬，从古希腊起就有无数讴歌他的文学作品。

被解放了的普罗米修斯给赫拉克勒斯出了一个好主意：不要自己去同巨龙搏斗，最好是找阿特拉斯帮忙。

阿特拉斯是普罗米修斯的兄弟，因为反抗宙斯被罚永远背负苍天，使天地分开。赫拉克勒斯找到了背着苍天的阿特拉斯，请他帮忙，阿特拉斯答应了。在他去找金苹果时，就由赫拉克勒斯暂时代他来扛天。

阿特拉斯没有费多少力气就把巨龙杀死，拿到了金苹果。但领略到了自由滋味的他又岂会甘愿再去干那个永远不能休息的苦差？他回来后把金苹果往赫拉克勒斯脚下一掷，就要一走了之。赫拉克勒斯一看这架势，立即想出了一个对策，他对阿特拉斯说："帮个忙，给我在头上垫一块东西吧，我的头快被压碎了。"

阿特拉斯果真上当了，又举起苍天让赫拉克勒斯去垫东西，结果赫拉克勒斯哈哈大笑，捡起金苹果后便扬长而去。

赫拉克勒斯一共完成了12项这样的任务：

1. 杀死涅墨亚铜皮铁骨的巨狮，拿它的皮来做盔甲。

2. 杀死勒尔那的妖怪许德拉，她是九头水蛇，到处蹂躏人民。赫拉克勒斯杀了它，还把它的血蘸在箭头，被这样的毒箭射中无药可解。

3. 捕获金角铜蹄的阿卡迪亚赤牝鹿。它是狩猎和贞洁女神阿尔忒弥斯的宠物，赫拉克勒斯追了整整一年，才将它捕获。

4. 捉住厄律曼托斯山上凶猛无比的大野猪。

5. 清洗埃利斯王奥革阿斯养着三千头牛的肮脏无比的牛厩。当然，赫拉克勒斯没有真的拿着扫帚去清扫，他在牛圈旁边挖了一条大沟，直通附近的两条河，一天之内就把牛厩冲得干干净净。

6. 赶走一个大沼泽中长着铁翅膀、铁嘴和铁爪的怪鸟。

7. 驯服克里特岛米诺斯王的一头疯了的公牛。这头牛把整个克里特岛闹得鸡犬不宁，但赫拉克勒斯把它变成了一只小猫，并骑着它在海滩散步。

8. 杀死残忍的暴君色雷斯王狄俄墨得斯。狄俄墨得斯养了一些吃人的妖马。赫拉克勒斯替天行道，铲除了这个暴君。

9. 夺取亚马逊女王希波吕忒的金腰带。亚马逊是古希腊的女儿国，在这个国家里女子处于绝对统治地位，男人是女人的臣仆。当赫拉克勒斯来到时，女王不久就被他天神般的威严慑服了，心甘情愿把腰带送给了他，据说还和他生了一个儿子。但另有传说称，她的丈夫是雅典卫城的建立者忒修斯，他们都曾经出现在莎士比亚的剧作中。

10. 牵回巨人革律翁的牛群。革律翁是一个巨人，他的父亲号称全伊比利亚的王，统治着包括今天西班牙和葡萄牙在内的辽阔领土。革律翁的牲口也由一个巨人看守，他有三头、六臂、三个身子、六只脚。赫拉克勒斯召集了一批勇士，经过一番残酷战斗，征服了革律翁父亲的庞大国家，他的牛群自然也成了赫拉克勒斯的囊中之物。还值得一提的是，赫拉克勒斯在这次行动中不仅消灭了巨人，连两个伟大的神——太阳神阿波罗和天后赫拉都成了他的手下败将。阿波罗怕他把太阳射下来，送给他一只金碗，赫拉则被他一箭射中胸脯。

11. 第十一件前面已经说了，就是从大地的尽头夺取金苹果。

12. 去到地狱，活捉看守地狱大门的恶犬。它有三个头，狂吠的大嘴里流着毒涎，身上的毛全是一条条毒蛇。在战斗中赫拉克勒斯还救出了另一位伟大的希腊英雄忒修斯，甚至打败了冥王哈迪斯。

完成这十二件苦差后，赫拉克勒斯终于自由了，他回到忒拜，开始了新生活。

虽然他已经服役完了，但并没有从此坐享安宁，他的日子实际上仍像从前一样繁忙，又完成了许多不朽的功绩，直到死。

赫拉克勒斯的死同他的婚姻有关。赫拉克勒斯向卡吕冬美丽的公主得伊阿俄拉求婚。他经过一场激烈的比赛，打败了能变形的、十分强大的河川之神，得到了这位美丽的妻子。然而，正是这位妻子使强大无比的赫拉克勒斯走上了死亡之路。

婚后的赫拉克勒斯仍带着妻子到处漫游。他们在一条河边遇上了做渡夫的半马人涅索斯，他在这儿收钱背人过河。当他背着赫拉克勒斯美丽无比的妻子过河时，被她的美色迷得失去了理智，竟然非礼她。赫拉克勒斯这时已经到了对岸，听见妻子的惊叫，一箭朝涅索斯射去。受伤的涅索斯自知难逃一死，他告诉得伊阿俄拉，如果收集一点他身上的血并涂在丈夫的紧身衣上，丈夫就会永远爱她，对她忠贞不贰。

天真的得伊阿俄拉听到有这好处，当然照办，她岂不知道赫拉克勒斯那好色的本性？

再往后，漫游的赫拉克勒斯想起了欧律斯透斯不肯把女儿嫁给他，就召集了一支强大的希腊联军进攻他，把欧律斯透斯同他的儿子们通通杀了，把他强大的国家和巍峨的宫殿夷为平地，带着美丽的女俘——公主伊俄勒回来了，并准备娶她为妻。

他的妻子伊阿俄拉想起了半马人涅索斯的话，连夜赶制了一件华丽的紧身衣，并涂上涅索斯的血，叫人带给正在准备庆祝胜利的丈夫。赫拉克勒斯很喜欢，立即就穿上。但刚一上身，那衣服便像毒蛇一样紧紧缠住了他，不断地缩紧，里面的毒液浸透了他的身体，他痛苦得发狂，在地上乱滚。

赫拉克勒斯自知命不久矣，令人把自己抬上了俄忒山的山顶，因为有神谕说他将在这里完结他的生命。他叫人堆起火葬的柴垛，并点燃，他的呻吟声在熊熊大火中渐渐消失。

然而，当大火熄灭，人们想从灰堆里找出他的遗骨时，却什么也看不到。

听说他被雅典娜接到了天上，在那里娶了永远年轻美丽的青春女神赫柏。她将在奥林匹斯山上为赫拉克勒斯——这位人间最伟大的英雄生育美丽而永生的孩子。

赫拉克勒斯死亡的经过记载在古罗马著名的文学作品——奥维德所写的长诗《变形记》中。此外，古罗马最伟大的文学作品——维吉尔的《埃涅阿斯纪》也与古希腊神话密切相关，由此可以说明，从古希腊至古罗马，古希腊神话一直是文学作品中的主角。

第九章

古希腊文学的第一经典

前文讲古希腊历史时曾简短地讲述了特洛伊战争，特洛伊战争的起因是帕里斯把金苹果判给爱与美之神阿佛洛狄忒，最终引发了十年血腥大战。然而当我们讲到古希腊文学时，就不能如此简单地看待这场战争。

原因很简单：这场战争诞生了两部史诗《伊利亚特》和《奥德赛》，它们是西方文学中的瑰宝，其中《伊利亚特》更堪称整个古希腊文学的伟大代表，也是古希腊文学的第一经典。即使过去了几千年，它的文学魅力不仅丝毫不减，甚至更加光辉灿烂。

讲《荷马史诗》前，先来说说荷马。

根据流传下来的荷马雕像推断，荷马是一位长着大胡子的老者，一头鬈发薄薄地罩在脑门上，下面的鼻子和嘴巴实在平凡得很，他外表唯一不平凡的是他那盲了的双眼，看上去一无所有却又像无所不有。

现在一般认为荷马生活在公元前9世纪或者公元前8世纪，是伊奥尼亚人，除此之外，我们对他的其余事迹几乎一无所知。甚至有许多人认为荷马并不存在，只是一个传说中的人物。史诗的作者也并非荷马而是另有其人，甚至可能是许多人在许多世纪中陆陆续续完成的民间集体创作。但一般的说法还是偏向于认为荷马真有其人，只不过他的两部史诗并不是他一人创作的，他只是把两部在那时已经流传了好久的史诗整理成今天的样子罢了。

《荷马史诗》分成《伊利亚特》和《奥德赛》两部。《伊利亚特》本身所记录的只是阿喀琉斯，这位希腊盟军中最伟大的英雄被联军统帅阿伽门农侮辱而拒绝作战后发生的事，这些事发生于10年特洛伊战争的最后一年，主要情节只延续了约4天，然而荷马却通过这短短的4天把特洛伊战争的全部经过都一一道明，其间所用的复杂技巧——无论是文字上还是篇章结构上——都令人叹为观止。

《奥德赛》则讲特洛伊战争中的英雄之一奥德修斯在战争结束后回转故乡时所历经的种种磨难，长达10年。像《伊利亚特》一样，书中的情节并不涉及整个10年，而只涉及其中最后6个星期。比起《伊利亚特》，它其实并不逊色，它与《伊利亚特》堪称西方文学天空中最亮的几颗星星之一。

下面就讲一讲《伊利亚特》，它不是按照史诗的顺序来讲，而是依据特洛伊战争的起因、发展、结束的顺序将这次不朽的战争细致地告诉大家。

特洛伊战争的起源

话说很久以前，有高贵的两兄弟，他们是宙斯神的儿子，哥哥叫伊阿西翁，弟弟叫达耳达诺斯，兄弟俩感情很好，共同统治着爱琴海中的一个大岛。他们因为是万神之王的儿子，便自以为能与众神等量齐观。哥哥伊阿西翁竟然去追求农业女神德墨忒尔，由于他的做法违背了天规，被宙斯一个响雷击死。

哥哥死后，弟弟伤心极了，不忍心待在故国，于是离开了国土，远走他乡。

他离开欧罗巴后，来到了爱琴海对岸的亚细亚，即透克里亚人居住的地方。

那里的国王透克洛斯看到这个新来者如此年轻英俊，曾为一国之君，又是神的后裔，就张开双臂欢迎他，先是封了一块靠近海岸的肥田沃壤给他，之后又把他招为驸马。他所居的封国后来就以他的名字达耳达诺斯来命名，称为达耳达尼亚，而他的臣民就称为达耳达尼亚人。

达耳达诺斯死后，又经过两代，王位传到了特洛斯。特洛斯也是一个有为的人，他所统治的国家也以他的名字命名，被称为特罗阿斯，首都则被称为特洛伊。

特洛斯王死后，又传了两代，王位到了拉俄墨冬之手。和前面那些贤君不同，他是个残暴、刚愎又愚蠢的家伙，不但跟人作对，甚至都敢跟神祇对着干。引起神人共愤后，他自己倒霉自是不必说，连他的子孙都因他的恶行而受到了神的诅咒。

特洛伊很久之后的命运从这时候起就默默注定了。

拉俄墨冬死后，他的儿子普里阿摩斯继位。同父亲大不一样，他是一位仁慈的君主，然而这一切并没能挽回那早已注定的命运。

普里阿摩斯精力旺盛，先后生了50个儿子和好几个女儿。他的妻子赫卡柏在一次怀孕时，做了一个奇怪的梦，经预言家一解，得知这个孩子将为他的国家带来灾难。普里阿摩斯便在这个孩子出生后，将他扔到了荒山野岭，这个孩子就是帕里斯。

然而帕里斯命不该绝，在丢他的地方附近有一只刚生了小熊的母熊，它出于天然的母性给帕里斯喂奶，使他活了下来。几天后，那个丢孩子的仆人放心不下，过来察看，发现帕里斯竟然没死。仆人顿生怜悯之心，把他抱回了家，当作自己的孩子养起来。

帕里斯顺利长大，出落得十分英俊，而且体格壮健，孔武有力。他不知道自己是王室后裔，天天老老实实地放牛牧羊。

这天，帕里斯又在一个深谷里放牧，忽然感到大地在剧烈抖动，一阵如惊雷般的脚步声传来，他抬头一望，只见三位女神降临。

这三位女神分别是天后赫拉、智慧女神雅典娜、爱神阿佛洛狄忒。她们聚在一起比美，可谁也不服谁，于是她们便决定请帕里斯做裁判，并各自答应如果帕里斯帕自己为最美，便给予他种种好处。其中爱神阿佛洛狄忒许诺如果帕里斯判她最美，她将给他人间最美的女人。

帕里斯判了阿佛洛狄忒最美。

帕里斯的判决令爱神大喜，于是她深深祝福了他，再次保证将履行诺言，把人间最美的女人赐予他，天后与智慧女神则被气得七窍生烟，她们不但对帕里斯恨之入骨，而且发誓要把整个特洛伊当作复仇的对象，这埋下了特洛伊战争的种子。

一天，帕里斯偶然到城里去参加一个为普里阿摩斯王举办的运动会，奖品是一头大公牛，它一直由帕里斯替主人牧养，是他最心爱的牛，于是他决心把它夺到手。果真，在比赛中，帕里斯表现出了过人的本事，把所有对手都打败了，其中包括王子得伊福玻斯。得伊福玻斯恼羞成怒，举起枪就往帕里斯刺来。帕里斯吓得撒腿就跑，一直跑到了祭祀宙斯的神坛边。在这里他刚好遇上了公主，也是神庙的祭司卡珊德拉。

卡珊德拉是一个预言家，她的预言总是得到应验，然而没有人相信她。当她看到跑过来的帕里斯时，她立刻知道了这就是当初被遗弃的弟弟。普里阿摩斯王听说这个如此英俊又强健的青年竟然是自己的亲生儿子，喜出望外，一把抱住他，认了儿子，把当初的神谕忘到九霄云外。

不久，帕里斯被委派了差事。

很久以前，当如今的普里阿摩斯王还是一个孩子时，伟大的赫拉克勒斯打败特洛伊的先王拉俄墨冬后，把他杀了，抢走了公主赫西俄涅。后来赫拉克勒斯的好朋友忒拉蒙娶了公主为妻，特洛伊人将此事视为奇耻大辱，一直耿耿于怀，图谋报复。普里阿摩斯王曾派人去他姐姐做王后的国度萨拉米斯要人，被希腊人赶了回来。现在普里阿摩斯再一次提起了这回事，帕里斯听罢，立即建议干脆派一支强大的军队去把赫西俄涅抢回来。

不久，一支强大的舰队组成了，由帕里斯担任统帅，率军直奔爱琴海而去。

一路顺风，船很快驶近了希腊，途中帕里斯准备先去一座神庙里祭祀爱神，希望爱神能早日兑现她的诺言。

去的路上他曾遇到一艘装饰得十分豪华的大船，上面坐着的就是斯巴达王墨涅拉俄斯，只是他们这时还互不相识。

没多久，帕里斯便来到了斯巴达的锡西拉岛，爱神的神庙正在这里。这时的斯巴达由于墨涅拉俄斯暂时离开，执掌国政的是王后海伦。

海伦就是当时世界上最漂亮的女人。

关于她一生的遭际与婚事还有一段故事。海伦本是宙斯和勒达的女儿，不过她没有成为神，而是成了人，成了人间最美的女人。她在很年轻时就因为太过美丽被雅典王忒修斯抢走。后来趁忒修斯不在，她的两个兄弟又把她夺了回来。海伦长大后，她的美貌更是举世无双，前来求婚者络绎不绝。

当时海伦正生活在父亲斯巴达王的宫殿里，斯巴达王很怕出现这样的情形：如果他选择了一个人做他的女婿，那么另外的人势必不服，会来报复，那么他的女儿甚至国家就完了。因此他想了一个万全之策，在挑选前，他要求所有的求婚者对天发誓：不管她选中了谁，其他没有中选的人必须联合起来保护海伦及其家人。

这些求婚者都爽快地答应下来。这就意味着如果一个人当选，那么他不但能得到一个美貌无比的妻子，而且能得到全希腊英雄们的保护，这是何等的美事！

最后，迈锡尼王阿伽门农的弟弟，阿尔戈斯王墨涅拉俄斯成功当选，这结果并不奇怪，当时还有哪个王有比墨涅拉俄斯和阿伽门农兄弟有更高贵的身世和更强大的力量呢？

后来斯巴达王去世，墨涅拉俄斯便继承了王位，从此生活在斯巴达。

现在，当帕里斯来时，海伦已是墨涅拉俄斯的妻子，还为他生了一个女儿。

丈夫走后，海伦百无聊赖，她听说有一个强大的王子统领军队来到了锡西拉岛，不禁起了好奇心，于是她来岛上祭神，顺便看看那位传说中的王子。

当她步入神庙时，正好遇上帕里斯祭祀完毕，走出神庙。

刹那间，他们四目相视，被彼此吸引，很快坠入了爱河。

帕里斯顿时觉得这便是爱神答应赐给他的世界上最美的女人，立即谋划怎样才能把美人夺到手。海伦自从遇到帕里斯，也对他久久不忘。

没过几天，她打听清楚帕里斯的行踪后，便带着随从堂而皇之地前来造访。

帕里斯不但善于调情，会说甜言蜜语，而且举止温文尔雅，一派绅士风度，更弹得一手好竖琴，每一首琴曲都如一支爱的献歌，跳动着爱的火花，使美丽的海伦心里小鹿乱撞、不能自持。

帕里斯见此知道大事已定，回去匆匆布置了一番。

这天，海伦正在王宫里思念帕里斯时，看见远处一支部队冲来，为首的便是她日思夜想的王子。

帕里斯带兵冲进王宫，先绑架了王后，海伦假装挣扎了一番，便痛痛快快地跟着帕里斯走了，帕里斯还顺便把斯巴达王宫抢掠一空。

他们并没有马上回特洛伊去，而是先到了爱琴海中的一个岛上，在这里海伦跟帕里斯举行了一场盛大的婚礼。

战争的准备

帕里斯劫走海伦的消息不久便传遍了全希腊，当然也传到了墨涅拉俄斯的耳中，他气得两眼昏花，立即去找他哥哥——伟大的迈锡尼王阿伽门农。阿伽门农知道后也十分气愤，兄弟俩立即奔向各国，要求那些当初答应保护海伦的求婚者们一起出兵讨伐特洛伊。

这样的事不仅是对墨涅拉俄斯兄弟的侮辱，更是对全体希腊人的侮辱，加上全希腊最为强大的国王的号召，他们立即行动了起来，不久便组成了一支庞大的军队。

为首的是阿伽门农，他是宙斯的后代，统治着强大的迈锡尼，是全希腊最强大的君王。

他的弟弟墨涅拉俄斯同样实力不凡，斯巴达在那时已经是一个强大的国家，他也是全希腊炙手可热的大人物。

阿喀琉斯是这次特洛伊战争中最伟大的英雄，他是继赫拉克勒斯之后全希腊最了不起的战士。他是海洋女神忒提斯之子，刚生下来时，忒提斯想让他成为神，因此每天晚上将他放在天火中焚烧，但就在她快要成功的最后一个晚上，她丈夫看见了，吓得大叫起来，破坏了女神的计划，她气得离开了丈夫，再也没有回来。这时的阿喀琉斯除了脚后跟，全身都已成为不死的神体——因此这脚后跟便成了他的命门。

奥德修斯有一个大名鼎鼎的绰号"狡黠的奥德修斯"，是所有英雄中最智慧的人物。起初他不愿意参战，不愿意为了墨涅拉俄斯不贞的妻子而离开恩爱无比的妻子和新生的儿子，但又不能公开推脱，于是心生一计。当墨涅拉俄斯来找他参战时，他假装疯了，牵着一匹驴去犁地，还把盐当成种子播下。他虽然骗过了墨涅拉俄斯，但是这次与墨涅拉俄斯同来的帕拉默得斯是全希腊最聪明的人之一，他为了证明奥德修斯是装疯，便抱了他的幼子放在犁头前。这下奥德修斯没辙了，只得出征。但他从此把帕拉默得斯视为仇人，伺机报复。

除了上面这些分量最重的人物，希腊英雄中还有一些需要特别介绍的勇士：

大埃阿斯，他是赫拉克勒斯的战友忒拉蒙的儿子，一位极为勇敢而强大的战士。

小埃阿斯，与大埃阿斯并非兄弟，但同样强大。

透克洛斯，大埃阿斯的兄弟，有百步穿杨的箭术。

帕特洛克罗斯，阿喀琉斯的挚友，一位奋不顾身且品德高尚的武士。

狄俄墨得斯，他是神祇的儿子，力量与勇气同大小埃阿斯并驾齐驱。

菲罗克忒忒斯，一度是赫拉克勒斯的战友，同他一起建立了许多功业。他是一个敬神的人，最大的本事是射箭，同透克洛斯一样是希腊军营中箭术最高明的人之一，像阿喀琉斯一样，他是决定整个战争胜负的关键人物之一。

马哈翁和他的兄弟帕达里律奥斯，他们是当时最有名的神医。

……

总之，全希腊的英雄们都为着一个伟大的目标——夺回海伦——集聚到了同一面旗帜下。

对于墨涅拉俄斯而言，这目标之所以伟大，在于他由此可以重获世界上最美丽的妻子；对于其他英雄们而言，他们是为了希腊的荣誉而战。

众英雄各自统领军队来到了奥里斯港，准备从这里向特洛伊进发。

出征之前，大家经过商议，决定先礼后兵。希腊人派出了三位使节：墨涅拉俄斯、奥德修斯、帕拉默得斯。第一位本身就是受害者，第二、第三位则是因为他们的智慧和口才是所有希腊英雄中最出众的，只有他们才能在特洛伊"舌战群雄"。

不久，他们便到了特洛伊，谒见了普里阿摩斯王。

这时，帕里斯和海伦还在海中的小岛上过着幸福的生活，根本不知道发生了什么事。当他们从希腊使者口中得知此事时，普里阿摩斯王回答道："如果海伦不是主动要求在特洛伊避难，那么他们可以要回海伦，但这一切得有一个先决条件——他们必须先交回他的姐姐。"

希腊的使节对此傲慢地回答道："你们要么马上交回海伦和其他被劫走的财富，要么被毁灭。"

这样傲慢的回答激起了特洛伊一片反抗声，他们不但拒绝归还海伦，甚至欲加害使节，但普里阿摩斯王不允许这样的事发生。后来，在一个年高德勋的特洛伊智者安忒诺尔的帮助下，希腊使节平安回到了奥里斯。

希腊英雄们听到特洛伊人拒绝的消息，立即挥起了手中的武器，高呼："征服！征服！"

然而事情没有这么简单。

在战船要出发之前，阿伽门农为了散心，同众位英雄出去狩猎。这天，他看到一头漂亮的梅花鹿，就一箭射去，梅花鹿应声倒地。阿伽门农不禁得意忘形，竟然夸口说就是阿尔忒弥斯本人也不过如此。

阿尔忒弥斯是狩猎女神，见阿伽门农如此狂妄自大，不把自己放在眼里，大发雷霆，决心报复。

几天后，大军准备从巷口出发，可港口里没有一丝风。又过去了几天还是一样，急坏了的希腊人请预言家卡尔卡斯来问神。卡尔卡斯告诉希腊人这是阿伽门农触怒了神的缘故，因此他必须赎罪，把他同妻子克吕泰涅斯特拉所生的女儿作为祭品奉献给阿尔忒弥斯。

预言家的话顿时令阿伽门农陷入了极端痛苦之中，他十分疼爱这个聪明美丽的女儿，不忍心将她献祭给神，他便公开宣布辞去联军统帅之职。

但联军统帅并非儿戏，岂能轻易辞去？希腊将士们愤怒了，他们觉得阿伽门农实在太自私，他们为了他的家族荣誉而辛苦参战，现在他竟然要自行退出。不久，盟军队伍里出现了反叛的声音，并声称要把阿伽门农兄弟抓起来杀掉。

面对这样的情形，阿伽门农无可奈何，只得写了一封信，让妻子把女儿带来，谎称要让女儿同伟大的英雄阿喀琉斯结婚。他的妻子当然高兴，因为阿喀琉斯可不是一般的英雄，她连夜带女儿赶到了军营。

可纸包不住火，克吕泰涅斯特拉发现真相后，愤怒地找到丈夫，指责他是禽兽，甚至把她过去的种种不幸通通抖了出来：他们的婚姻最初就来自阿伽门农的暴力，他杀死了她的前夫和孩子，把她抢了过来……

这为阿伽门农后来的不幸埋下了种子。

他们的孩子伊菲革涅亚也跪在地上求父亲不要这么早就结束她年轻的生命。的确，海伦同帕里斯私奔与她有什么关系，为什么要让她付出生命的代价呢？

然而阿伽门农这时候已经打定主意，毫不犹豫地拒绝了她的恳求。阿喀琉斯这时候站了出来，称愿意用生命来保护伊菲革涅亚，因为她是如此美丽可爱，他已经爱上了她。

可伊菲革涅亚经过一番思考，还是冷静地做出了抉择，她愿意为希腊献出自己的生命，因为她已经看出来，如果她不献出自己的生命，那么她所有亲人都将失去生命。

她平静地制止了阿喀琉斯的拯救行动，从容地走向祭坛。只见祭司锋利的钢刀一挥，鲜血四处飞溅。

海上顿时吹来了顺风，在希腊人的欢呼声中，战舰千帆竞发，驶出了港口。

经过一番艰苦努力，希腊联军终于到达特洛伊城外。

此时，特洛伊人因为一直没见到帕里斯的踪影，弄不清是怎么回事，整日惴惴不安，感到一场灾难正在逼近。

这天帕里斯终于回来了，带着新抢来的妻子以及巨大的财富。

狡猾的帕里斯从这些财宝中拿出许多来分给他的兄弟们，甚至把从海伦宫殿里带来的美丽宫女们也送给了他们。这样，本来准备把这位鲁莽的兄弟痛打一顿的哥哥们立即转怒为喜，不但没有骂他，而且在父亲普里阿摩斯王面前极力为帕里斯辩护，要求把海伦留下来，绝不送还希腊人。

至于海伦，当普里阿摩斯王派了他的王后去问她来到这儿是否出于自愿时，她回答说她已经深深地爱上了帕里斯，愿意永远同他生活在一起，而且如果她被送回希腊，留给她的将只有死路一条。

在这种情形之下，普里阿摩斯王和特洛伊人感到别无选择，只得竖起了战旗，号召全体特洛伊军士迎战。

特洛伊虽然没有希腊那么多伟大的英雄，但也有不少出众之士。

首先就是赫克托耳，他是和阿喀琉斯一般杰出的英雄。

其次是埃涅阿斯，他是爱神的儿子，也是普里阿摩斯王的女婿。后面讲罗马人的历史时还会讲到他，他就是罗马城的建立者。

还有潘达洛斯，著名的神射手，阿波罗神曾亲手赠予他神箭。

所有这些英雄们再加上从各国不断涌来的援军，又守着地利之便，让特洛伊人感到足可与希腊人一战。

与地上的两国相争一样，这时天上的神祇们也分成了鲜明的两派：一派是希腊人的铁血盟友，主要有天后赫拉、智慧女神雅典娜、海神波塞冬；另一派则是特洛伊的坚定支持者，主要有太阳神阿波罗、爱神阿佛洛狄忒、战神阿瑞斯。两派的神祇们都尽力地保佑自己喜爱的一边，甚至为此大打出手。

在他们之上的神王宙斯虽然早已知晓命运，但在大多数时候两不相帮，或者一时帮这个、一时帮那个，看情形而定。

这样，希腊与特洛伊之战既是人与人之间的战斗，也是人与神之间的战斗，还是神与神之间的战斗。

战争的爆发

这场战争是如何正式开始的呢？

这天，正当希腊英雄们欢送一位前来访问的老友——赫拉克勒斯的儿子时，一直关着的特洛伊城门在隆隆巨响中打开，只见特洛伊士兵像潮水般涌向希腊人，为首的是如狮子般魁伟的赫克托耳，紧跟着他的是埃涅阿斯。

一开始，由于希腊人中最伟大的英雄阿喀琉斯不在，希腊人吃了不少亏，还失去了一位英雄。不久阿喀琉斯赶来，他一到便展现了强悍的战力。在阿喀琉斯暴风雨般的砍杀下，特洛伊人像来时一样飞快地逃回了城里。

此后特洛伊人在城里躲了好久，希腊人乘机在特洛伊周围的城市中大肆抢掠。但不久他们又失去了一位了不起的英雄。

前面说过，当初奥德修斯为了不参加战争故意装疯，帕拉默得斯识破了他的诡计，他从此对帕拉默得斯恨之入骨，认为他之所以要离开恩爱的妻子和新生的孩子来替墨涅拉俄斯不贞的妻子卖命完全是帕拉默得斯的原因，一直伺机报复。

机会终于来了。这天，阿波罗神通过神谕告知希腊人，要他们奉献100头羊作祭品。这是一次十分隆重的祭祀，阿波罗神又特意选定帕拉默得斯来主持盛事，更把奥德修斯气得发疯，发誓要马上除掉这个眼中钉。他想出了一个毒计：趁帕拉默得斯不在，暗中在他的帐篷里埋藏一大笔黄金，然后又假托普里阿摩斯王的名义给帕拉默得斯写了一封信，信中说他十分感谢帕拉默得斯给他送来了希腊人的军事机密，略赠黄金以表谢意等。

他故意把信放到一个特洛伊战俘身上，又假装"偶然"地发现了这封信，并立即把这个俘虏杀掉，然后向各位希腊英雄公开了这封信。

那些勇力十足却头脑简单的英雄们想都不想就气得跳了起来。阿伽门农委托奥德修斯主持来调查这件事，这下无异于送羊入虎口，他立即带人来到帕拉默得斯的营帐，找到了这些被帕拉默得斯"藏"起来的黄金。

这时，帕拉默得斯知道是有人陷害他，但他已经百口莫辩，而且他并不是一个怕死的人，也没有为自己多作辩护，最后审判的结果是大家一致同意判处帕拉默得斯这个"奸细"死刑——用石头砸死。

希腊人当中最智慧而善良的人就这样失去了生命，至死都不知道是谁陷害了他。

此后几年，希腊人与特洛伊人不停地在战斗。特洛伊人一边守城，一边到处求援。希腊人则一边攻城，一边不断地向特洛伊周围的小亚细亚城市发动攻击。这样做对他们当然是极其必要的，大军在外，粮草先行，远离家乡的希腊人不可能从祖国得到后勤支援，只有通过不停地掠夺来获取给养。

由于希腊人军力庞大，又有这么多英勇的战士，自然没有哪座城市是他们的对手。这些掳掠以阿喀琉斯为首，他领着帖撒利人从陆地和海上攻克了一座又一座城市，劫尽财富。

希腊人就以这样的方式来维持他们远在家乡千里之外的漫长战争。

这样的战争一直延续了整整 9 年，其间希腊人和特洛伊人基本上势均力敌，战局没有大的变化，直到第十年时才风云突变。

战局变化的起因像整个战争的起因一样——女人。

这年，阿喀琉斯趁特洛伊人躲在城里没出来，又外出掳掠。他已经先后攻破了 20 多座城市，这次他攻打的对象是密西埃。战斗当然以他的胜利而告终，除此以外，他还掠夺了大量财富，其中包括美丽的克律塞伊斯。

克律塞伊斯是阿波罗神的大祭司克律塞斯的女儿，阿喀琉斯把她连同其他掳获物一起带到了希腊军营，与阿喀琉斯几乎掳夺了同样多战利品的是勇敢的大埃阿斯。

瓜分战利品时，按照规矩，阿喀琉斯获得了美丽的公主勃里撒厄斯以及她的侍女，大埃阿斯得到了另一个公主，至于最美的克律塞伊斯，则被分给了统帅阿伽门农。

一天，希腊人军营外来了一位面相如天神般威严的老者，只见他手执一根金杖，杖头缠着象征和平的橄榄枝。他就是克律塞斯，阿波罗神的祭司，这次来是要赎取他被希腊人掳去的爱女克律塞伊斯。由于他带来了一笔巨额的赎金，按照当时的惯例，希腊人理当把女儿还给他，何况他还是阿波罗神的祭司！

当克律塞斯提出他的要求时，希腊英雄们以热烈的掌声答应了，事情似乎已经解决，老人只需等着接女儿回家。

然而此时，阿伽门农已经爱上了克律塞伊斯，无论如何也不愿失去她，多少财宝也不行！因此，他极其无礼地辱骂了克律塞斯，把他从军营赶了出去。

克律塞斯伤心又气愤，但眼下他也无可奈何，他自知争下去只会惹来杀身之祸，便默默地退了下去。

克律塞斯步履蹒跚地来到大海边，把手伸向苍天，向阿波罗神祷告，请他主持公道，还他尊严。

阿波罗听到了老人的祈求，愤怒使他的脸仿佛罩上了一层严霜，他拿起神箭，来到了希腊人的军营，把它们一支支朝希腊人射去。

顿时可怕的瘟疫在希腊军营里蔓延开来，士兵接二连三痛苦地死去。

到第九天，希腊人实在受不了了，便请卜者占卦，一问便知道了瘟疫的起因。这时阿伽门农再也没办法，他不敢悖逆神意，于是将克律塞伊斯送了回去。

气急败坏的阿伽门农立即跑到阿喀琉斯那里，将他心爱的公主勃里撒厄斯抢走，因为阿喀琉斯曾在大庭广众之下有力又有理地责备了他，他发誓要报仇。

阿喀琉斯被这公开的侮辱深深地伤害，他想一剑把阿伽门农杀了，然而智慧女神阻止了他，他只能饮恨吞声，回到自己的营帐，然而他声明：就像干树枝不会发芽一样，今后希腊人休想再要他出战！

可阿伽门农的侮辱仍像利箭一般刺痛着他的心，他来到海边，含着热泪呼唤他的母亲——海洋女神忒提斯。

忒提斯是位慈爱的母亲，儿子的受辱令她肝肠寸断，她来到了神圣的奥林匹斯山，俯身在父亲万神之王宙斯的怀里，祈求他为儿子复仇，惩罚希腊人。宙斯犹豫了一下，还是答应了女儿的请求。

希腊人真正的灾难就此开始了。这就是著名的"阿喀琉斯的愤怒"。

阿喀琉斯的愤怒与死亡

这时已经是战争的最后一年，却是伟大的《伊利亚特》的开始。

它是如此开始的：

> 女神啊，请歌唱佩琉斯之子阿喀琉斯的
> 致命的愤怒，那一忿怒给阿开奥斯人带来
> 无数的苦难，把战士的许多健壮英魂
> 送往冥府，使他们的尸体成为野狗
> 和各种飞禽的肉食，从阿特柔斯之子、
> 人民的国王同神样的阿喀琉斯最初的争吵中
> 分离时开始吧，就这样实现了宙斯的意愿。

没过几天，宙斯就把对女儿的允诺付诸实践。

几天后，当希腊人攻向特洛伊时，特洛伊人毫不畏惧地冲了出来，以神一般威严的赫克托耳为首。两军刚要对阵，帕里斯提出了一个建议，获得了两军的欢呼，他的建议是由他和墨涅拉俄斯单独决斗，如果墨涅拉俄斯赢了就把海伦还给他，如果帕里斯赢了，希腊人就得认输撤军。

战斗了这么久，无论是希腊人还是特洛伊人，都感到疲惫，他们知道即使他们付出生命，胜利也不一定会来临。因为决定胜利的归根结底是神明，而神明的旨意实在难明。现在有一个简单的办法能够快速结束战争，实在是太好了，双方可谓一拍即合。在各自向永生的神献出祭品之后，两个不共戴天的仇敌面对面走上了战场。

两人通过抽签决定，由帕里斯先进攻，他将锐利的长矛向斯巴达

王投了过去，但墨涅拉俄斯用坚厚的牛皮盾挡住了它。

等到墨涅拉俄斯进攻时，他发出怒吼，有力地掷出了他的长枪。只见枪像箭一般朝帕里斯飞去，枪尖穿透了帕里斯的盾，一直穿过他的盔甲，甚至刺破了他的内衣，但并没有伤到帕里斯的身体。

愤怒到了极点的墨涅拉俄斯抽出短剑，像一头发了疯的狮子般扑去，一剑砍在帕里斯的头盔上，然而伴随一声脆响，断成两截的不是帕里斯的头颅，而是这位斯巴达王的宝剑。

感到绝望的墨涅拉俄斯已经没有了武器，只听他大吼一声，像猛虎般扑向帕里斯，一把抓住了他的头盔，拖着他向希腊人那边奔去。

在这千钧一发的时刻，爱神阿佛洛狄忒来了，她用一团云雾裹着帕里斯，把他径直送回了自己的宫殿，海伦正在那里等着他。死里逃生的帕里斯对海伦说：

"你过来，我们上去睡觉，享受爱情；
欲念从没有这样笼罩我的心灵，
我从可爱的拉溪梦第把你弄到手，
同乘渡海的船舶在克拉那埃岛上
同你睡眠，在爱情上面结合的时候，
也没有这样爱你，你甜蜜的欲望占据我。"

虽然帕里斯不见了，但双方的决斗胜负已经一目了然，特洛伊人这时也并非不愿服输：一则他们已经向神灵宣誓，二则他们已不愿为那人人厌恶的帕里斯而战。

正当战事有望完结时，一场意外又再次激化两军矛盾。

特洛伊人中有一个神箭手潘达洛斯——莎士比亚的名作《特洛伊

罗斯和克瑞西达》里面就有他。在墨涅拉俄斯已经取得胜利，按条约双方应该罢战时，他受雅典娜的诱惑，突然张开他的神弓，一箭射伤了胜利者墨涅拉俄斯。

这一箭把和平的最后一丝希望粉碎了。

特洛伊士兵们看到勇敢的墨涅拉俄斯受伤，以为有机可乘，冲了过来，希腊人在阿伽门农的亲自统领下，发出愤怒的呼喊，向着背信弃义的特洛伊人杀去，双方爆发了一场空前的血战。甚至神祇们也亲自加入了战斗，战神阿瑞斯帮特洛伊人，雅典娜则同希腊人并肩战斗。无数希腊人和特洛伊人的鲜血飞溅，染红了大地。

特洛伊人渐渐抵挡不住，尤其当狄俄墨得斯得到了雅典娜赋予的神力之后，大发神威，杀死了许多特洛伊英雄。

眼看特洛伊人就要全军覆没，这时太阳神阿波罗赶来，他想出了一个办法：给最伟大的特洛伊英雄赫克托耳以更强大的力量，让他单独向希腊人挑战，这样希腊人便不能依仗更多的英雄来取胜。

赫克托耳来到两军对阵的最前线，声如洪钟，要求希腊人派勇士来与他决战。

希腊人谁不知道赫克托耳的大名？只有阿喀琉斯能赢赫克托耳，其他人都不是他的对手，因此无人敢应战。

希腊人以沉默回应赫克托耳的挑战，直到希腊人里那位最年长也最令人肃然起敬的英雄涅斯托耳站了起来，对希腊英雄们痛加指责，表示只要他稍微年轻一点，绝对会是赫克托耳的一个好对手。他的话激起了希腊英雄们的荣誉感，立即有许多人想去迎战。争执不下，他们便决定用抽签的办法进行选择，最终几乎和阿喀琉斯一样强大的大埃阿斯抽到了签，他兴奋地穿上盔甲，去迎战赫克托耳。

战斗刚开始，大埃阿斯用矛刺穿了赫克托耳的盾，扎伤了他的脖子，还用石头砸痛了他的腿，自己却毫无损伤。但这点小伤对英雄算不了什么，赫克托耳仍然可以作战。

当他们抽出宝剑，准备进行最后的决战时，双方的使者跑了过来，他们用刺棒隔开了两位英雄，告诉他们天色已晚，即刻停战，两位双方阵营里最勇敢的战士这才分开。

为了表示友谊与勇士的胸怀，他们临别前还相互交换了礼物：大埃阿斯得到了赫克托耳漂亮的银柄宝剑，赫克托耳则得到了大埃阿斯的紫金腰带。

这场战斗异常惨烈，双方均有大批将士阵亡，两边便商定第二天休战，好让他们收拾兄弟的尸首。

过了一天，战斗重新开始，然而这次的战斗比起前两次迥然不同。希腊失去了前日的威风，因为宙斯牢牢记着对女儿许下的诺言，要让希腊人付出代价，直到他们请出受辱的阿喀琉斯并偿还欠他的宿债。

战斗伊始，赫克托耳便像一头雄狮般疯狂地扑向希腊人，他双眼血红，像要喷出火焰，口里发出惊雷般的吼叫。希腊的勇士们吓得手脚发软，夺命奔逃。

就这样，赫克托耳和特洛伊人一直把希腊人驱赶到他们的船舷边，一直到夜神藏起阿波罗的光亮，把大地同天空变得如混沌未分时一般漆黑。

入夜，赫克托耳没有如往日一样让特洛伊人回城。他大声地宣告他们无须回城，要就地驻扎，等明天拂晓再向希腊人的船只猛攻，只要突破这最后的防线，希腊人就只能用双臂从宽阔的爱琴海游回老家了。

是夜，希腊英雄们聚集在阿伽门农的营帐里，沉浸在失败的悲痛和对明天深深的绝望之中。

该怎么做呢？英雄们其实都知道：只有阿喀琉斯才能把他们从毁

灭的边缘拯救出来。

片刻沉默之后,可敬的涅斯托耳发话了。他直截了当地指出了阿伽门农先前的错误,他抢走阿喀琉斯应得的战利品,不但侮辱了最英勇的战士,也违背了其他英雄的心意,如果现在他反省认错还来得及。

阿伽门农听到涅斯托耳的话,也爽快地承认了自己的错误,并表示愿付出更大的代价,他准备赔偿给阿喀琉斯7只铜三脚祭鼎、20口饮鼎、12匹骏马、7个他从勒斯波岛抢来的漂亮姑娘,并归还美丽的勃里撒厄斯。另外,他还准备把自己的女儿嫁给这位英雄,并以7座城市作为陪嫁。

这样的赔偿确实够可以的了,但阿喀琉斯毫不迟疑地拒绝了,说他不会再相信阿伽门农,等明天天一亮就要扬帆出海,回到自己久别的故乡。

面对这样的情形,希腊英雄们已无能为力。他们绝望地等待着第二天的到来,只能乞求神明帮助他们击败疯狂的特洛伊人。

黎明一到,特洛伊人便杀了上来,他们如追逐群羊的猎犬,凶猛地扑向希腊人。一会儿工夫,几个强大的英雄如狄俄墨得斯、奥德修斯和阿伽门农都受了伤。希腊人抵挡不住,只得不停地后退,一直退到了船边,甚至在甲板上抵抗。

剩下的希腊人当中最有力量的战士只有大埃阿斯了。他也退到了战船上,与赫克托耳拼死战斗着,他们在四处飞溅的鲜血中挥舞着已经因为过多的屠杀而变钝的剑。只见赫克托耳杀得口喷白沫,两眼在浓眉下闪着凶狠的光芒。

在如此疯狂的攻击之下,连大埃阿斯也渐渐抵挡不住,不停地后退,赫克托耳则不停地前进,直到把一支熊熊燃烧着的火炬扔到希腊人的战船上。

正在阿喀琉斯船上的帕特洛克罗斯看见了希腊战船上的熊熊大火，他知道希腊人今天遭受了惨重的挫败，甚至有被毁灭的危险，于是恳请他勇敢的挚友阿喀琉斯出战。阿喀琉斯没有答应，但他看到希腊人形势如此危急，便允许帕特洛克罗斯穿上他的盔甲，代替他出战。

帕特洛克罗斯立即披上阿喀琉斯那由匠神精心打造的宝甲，骑着那几匹由神所生的骏马，向特洛伊人冲去。

帕特洛克罗斯的到来令正激烈战斗着的特洛伊人有些措手不及，他们吓得立即四散奔逃。帕特洛克罗斯趁机率领希腊人猛追，一直追到了特洛伊的城门边。帕特洛克罗斯往城头冲去，如果不是阿波罗亲自来阻拦他，他将打开希腊人10年都没能打开的城门。

然而这也是帕特洛克罗斯一生光辉的顶点，正当他英勇奋战时，他受到了阿波罗的攻击。只见阿波罗一巴掌打得他两眼发黑，又弄掉了他的头盔，还折断了他的长枪，最后把他的一身坚硬无比的宝甲摧毁。一个勇敢的特洛伊人欧耳福波斯趁机冲了过来，一枪穿透了他的胸膛。紧跟着赫克托耳也赶来，一枪刺穿了帕特洛克罗斯的肚子。

就这样，帕特洛克罗斯，这位阿喀琉斯最亲密的朋友战死了。随后双方的英雄又为争抢帕特洛克罗斯的尸体展开了一场残酷的血战。

阿喀琉斯独坐在营帐里，听着外面震天的战斗声，怅然地想着那不幸的预言：当他还活着时，一个勇敢的希腊人将要死在特洛伊人手里难道就是帕特洛克罗斯吗？

他的预感不久便得到了证实。

听到挚友战死的噩耗，阿喀琉斯悲痛地扑倒在泥土里，把泥土洒遍全身，发出震天的号哭声，连他那远在海底的母亲都听到了。

海洋女神忒提斯来到了儿子面前，安慰他，并且答应立即去找匠神另铸一副最好的盔甲送给他，好让他去替挚友报仇。第二天，得到了匠神新铸的盔甲的阿喀琉斯神气地来到阵前。他的到来对特洛伊人产生了巨大的威慑，他们仿佛看到了死神似的拼命逃回特洛伊城。

普里阿摩斯王听说阿喀琉斯杀来，又在城墙上看到他像虎扑群羊般地屠杀特洛伊人，便下令打开城门，让那些还活着的士兵逃回城里。

然而赫克托耳没有进城，他只是静静地站在城门口，等待阿喀琉斯前来寻仇。

可是，看到阿喀琉斯甚至比神还要威严的形象，赫克托耳顿时心生胆怯，不敢对敌，他沿着特洛伊城的墙根飞逃，阿喀琉斯则在后面不停地追。就这样，赫克托耳一直绕着城市跑了整整三圈，当跑到第四圈时，他停下了，想到与其这样耻辱地逃跑，不如与阿喀琉斯决一死战。

特洛伊战争中两位最伟大的英雄终于迎来面对面的决战，他们两个当中必须有一个死去。赫克托耳把他的长矛朝阿喀琉斯掷去，但没能穿透由匠神亲手打造的盔甲和盾牌。最后两人手执宝剑，进行决斗。

赫克托耳挥剑朝阿喀琉斯砍去，但没有砍伤正受着众神宠爱的阿喀琉斯，却被无敌的对手一剑刺死。

赫克托耳的死亡令普里阿摩斯王感到绝望，他知道命运已经抛弃了他和他的国家，他默默地接受了这个事实，但他要不惜一切代价去赎回儿子的尸体。

第二天晚上，普里阿摩斯王带着御者悄悄出了城门，一直往阿喀琉斯的住所驰去，顺利地走进了他的帐篷。

阿喀琉斯还没有留意到普里阿摩斯王的到来，老人就已经悄无声息地扑倒在英雄的脚下，说出了下面一段动人的话语：

"神样的阿喀琉斯，想想你的父亲，
　他和我一般年纪，已到达垂危的暮日，

四面的居民可能折磨他,没有人保护,
使他免遭祸害与毁灭。但是他听说
你还活在世上,心里一定很高兴,
天天盼望能看见儿子从特洛伊回去。
我却很不幸,尽管我在辽阔的特洛伊
生了很多最好的儿子,可是我告诉你,
没有一个留下来,在阿开奥斯人进攻时,
我有五十个儿子,十九个是同母所生,
其余的出生自宫娥。这许多儿子的膝盖
都已被凶猛的阿瑞斯弄得软弱无力。
我剩下的一个儿子、城市和人民的保卫者,
在他为祖国而战斗时已经被你杀死,
他就是赫克托耳。我现在为了他的缘故,
带着无数的礼物来到希腊人的船前,
从你这里把他的尸首赎买回去。
阿喀琉斯,你要敬畏神明,怜悯我,
想想你的父亲,我比他更可怜,
忍受了世上的凡人没有忍受过的痛苦,
把杀死我的儿子们的人的手举向唇边。"

听到这感人的话,阿喀琉斯想起了自己的父亲,同情起这位失去儿子的老人,他压下了进一步侮辱英雄尸体的欲望,将其还给了普里阿摩斯王。

给帕特洛克罗斯举行隆重的葬礼之后,阿喀琉斯再一次投入了战斗,失去了顶梁柱的特洛伊人如今哪还能拒敌?但正当此时,两支强大的援兵到来:一支是亚马逊女王带着她的女武士们,另一支是从遥远的阿非利加来的埃塞俄比亚国王门农的军队。

然而赶来的援军也不是无敌的阿喀琉斯的对手，经过一场场厮杀，援军不久就被消灭殆尽。顿时，特洛伊城前尸横遍野、血流成河。阿喀琉斯冲到了特洛伊城门之下，眼看他要用神力撞断门柱，冲破城门。

这时，阴沉着脸的阿波罗神朝他走来，严厉地警告阿喀琉斯，命令他放特洛伊人一马，不要再屠杀他们。

但阿喀琉斯竟然连神的话也不听从，反而大声威胁高贵的太阳神。阿波罗愤怒地拉开他的神弓，一箭射中了阿喀琉斯那容易受伤的脚后跟。阿喀琉斯顿时感到脚后跟一阵钻心的疼痛，他知道母亲的预言应验了，他将在特洛伊城外被一个神杀死。但他仍强撑着冲锋，杀死了许多奔逃中的特洛伊人，直到血流干后死去。

阿喀琉斯死后，希腊人悲伤不已，为他举行了隆重的葬礼，哭泣的不但有人，还有许多神，尤其是海中的仙女们，她们是阿喀琉斯的亲戚，一时间，天、地、海洋之间回荡着悲恸的哭声。

战争的结局

不久之后，希腊人又失去了一位重要的英雄。

为了纪念英雄，希腊人按惯例举行了一次殡葬赛会，就在这次赛会上，阿喀琉斯的母亲忒提斯把那副由匠神亲手打造的精盔美甲拿出来，表示要送给将他儿子的尸体从特洛伊人手里抢出来的英雄。

这时，大埃阿斯和奥德修斯都站了出来，他们一个是剩下的希腊英雄中最有勇力的，另一个是最有智慧的，他们都说是自己抢回了阿喀琉斯的尸体。

他们的争吵越来越激烈，而且各有支持者。为了平息他们的争论，希腊人最后决定请几个特洛伊人来做裁判，因为他们的立场才公正。

这些特洛伊裁判并没有在现场，只能根据争辩双方的话来作出裁判。也就是说这时候胜负不取决于躯体的力量而在于口才，大埃阿斯如何是狡黠的奥德修斯的对手呢？在他的一番巧言之下，特洛伊人一致把盔甲判给了奥德修斯。

这对于大埃阿斯是奇耻大辱，在那场战斗中，他的确是仅次于阿喀琉斯的英雄。但他对此无可奈何，他不能学阿喀琉斯拒绝出战，他毕竟不像阿喀琉斯是公认最伟大的英雄，他也不能去与狡猾的奥德修斯斗，他还记得智慧而正直的帕拉默得斯是被谁陷害致死的。但他实在不能忍受这样的欺侮，最后，绝望的大埃阿斯一剑刺进了自己的胸膛。

失去了两位伟大的英雄后，希腊人的实力大打折扣，他们知道凭现有的力量想去征服特洛伊是十分困难的。但他们也有了两个新帮手，一个是菲罗克忒忒斯，他曾被赫拉克勒斯授予神箭；另一个就是阿喀琉斯的儿子涅俄普托勒摩斯，他虽然年轻，但几乎和父亲一样英勇善战。

得到新生力量的希腊人重新振作起精神，向特洛伊人发动了新的进攻。

这次战斗最直接的结果是杀掉了帕里斯。

杀死他的正是刚来的神箭手菲罗克忒忒斯，菲罗克忒忒斯的箭乃是赫拉克勒斯传给他的，那箭上涂有毒液，一旦被射中便无药可解。

最后，身中毒箭的帕里斯在极度痛苦之中死去。

然而特洛伊还是没有被攻下来，因为特洛伊人还有勇敢的埃涅阿斯，有他率领特洛伊军民拼死守城，希腊人怎么也攻不进去。

正当希腊人绝望之时，预言家卡尔卡斯在白天偶然看到了这样的一幕：他看到一只雄鹰追逐一只鸽子，鸽子钻进一条岩石的小缝，雄鹰进不去。它在外面待了好一会儿，可鸽子就是不出来，后来雄鹰便躲在了灌木丛中，鸽子以为敌人走了，便飞了出来，雄鹰瞅准时机一冲而上，把鸽子抓住吃掉了。

这令卡尔卡斯恍然大悟：为什么不效法雄鹰，智取特洛伊呢？

他把这个想法对众位英雄说了，大家连声称妙，但到底用什么计策呢？大家把目光投向了奥德修斯。

奥德修斯思索一番，终于想出了一个妙计，就是整个西方历史上最有名的一计——木马计。

希腊人马上开始造木马，造好后，一些最出色的希腊英雄，如狄俄墨得斯、奥德修斯、菲罗克忒忒斯、涅俄普托勒摩斯、墨涅拉俄斯等都藏到了里面。

一切安排好后，希腊人就放火把军营烧了个干净，上船离开。

躲在高城厚墙里的特洛伊人看到希腊人军营里火光冲天，他们的船只一艘艘扬帆而去，以为他们已经撤军。特洛伊人兴高采烈地涌到了海边，他们在海边看见了这匹巨大的木马，发现木马下面躲着一个人。那人声称他本来是要被希腊人杀了祭神，但他最终成功逃脱。特洛伊人相信了他，甚至于按他的话将城墙拆开一个洞，把木马运了进去。

这天夜里，以为打退了希腊人的特洛伊人大肆庆祝，一个个喝得酩酊大醉，沉沉睡去。

深夜，希腊人偷偷从木马里钻出，打开了城门，那些假装回希腊去的战船也飞快地开回来，战士们纷纷涌进城。许多特洛伊英雄还在梦乡里就被砍下了头，也有些人拼命抵抗，但一切已是徒劳。

希腊人冲进王宫，涅俄普托勒摩斯找到普里阿摩斯王，要为父亲阿喀琉斯报仇。普里阿摩斯王没有反抗，只对敌人说："杀死我吧，勇敢的阿喀琉斯的儿子，我已经受尽了折磨……"涅俄普托勒摩斯于是一剑结束了他的生命。

但埃涅阿斯逃走了，他看到特洛伊的毁灭已经无可挽回，便背起年老的父亲，穿过浓烟与烈火，逃出已经成为废墟的特洛伊城。

后来，埃涅阿斯在海上历尽艰险之后，到达了意大利，在那里他将建立一座新的、伟大的城市——罗马。

但对于特洛伊人而言，他们一度繁荣兴盛的城邦已经随同他们自己的尸体都被埋进历史的废墟之中。

以上便是特洛伊战争大致的前因后果。

这也是《伊利亚特》的主要内容，全书是以赫克托耳的葬礼结束的，原文如下：

> 当那初升的有玫瑰色手指的黎明呈现时，
> 人们拥到闻名的赫克托耳的火葬堆周围。
> 在他们聚集一起，集合停当的时候，
> 他们先用晶莹的酒把火葬堆上
> 火力到达地方的余烬全部浇灭，
> 然后死者的弟兄和伴侣收集白骨，
> 大声哀悼痛哭，流下满脸的眼泪。
> 他们把骨殖捡起来，放在黄金的坛里，
> 用柔软的紫色料子把它们遮盖起来。
> 他们很快把坛子放进一个墓穴，
> 用大块大块的石头密密层层地盖起来，
> 迅速垒上坟堆，同时四面放哨，
> 防备那些戴胫甲的阿开奥斯人攻击。
> 坟堆垒好以后，他们就回到城里，
> 集合起来，在宙斯养育的特洛伊国王
> 普里阿摩斯的宫殿里吃一顿丰盛筵席。
> 他们就这样为驯马的赫克托耳举行葬礼。

特洛伊战争是一场延续 10 年的持久战，如果按照一般的叙事顺序从头至尾一一叙来，势必拖沓重复。但史诗用一种巧妙的写作手法把这个难题掩盖了，它没有从头至尾、平铺直叙地述说 10 年间发生的事，而是选取了其中最有代表性的 4 天来述说。

这 4 天里发生的事大致如下：阿喀琉斯因为愤怒而拒绝出战；希腊人的一连串失败，直到战船被焚；阿伽门农向阿喀琉斯求和遭拒，帕特洛克罗斯代阿喀琉斯出战，并战死；阿喀琉斯伤痛挚友之死，愤而出战，击杀赫克托耳。

在这 4 天里，整整 10 年所发生的事都得到了典型的表达，例如所有的战争典型形式——攻与守、胜与败都得到了表达，这里面包含了希腊与特洛伊双方。

除此之外，战争中的种种景况，例如刺探情报，暂时的休战，战士与家人的生离死别、友谊、爱情等都一一娓娓道来。不仅如此，连战争的种种前因后果都得到了适当的追忆。正是由于把这一切放在短短的 4 天内集中叙述，全书显得结构紧凑、丝丝入扣，读来不但毫无拖沓冗长之感，而且引人入胜，令人不知不觉中一口气读完。

直到最后，当我们读到英勇的赫克托耳的尸体被大块的石头盖起来时，才发觉阿波罗已经驾着他的太阳车自东方升起，而门农，这死于阿喀琉斯之手的英雄，也在他的柱子上对着亲爱的母亲黎明女神欢呼。

第十章

不朽的悲剧

　　除史诗外，古希腊另一种伟大的文学形式是戏剧。

　　古希腊的戏剧尤其是悲剧，与《荷马史诗》一样，已经发展到了几乎尽善尽美的境界，它也占据了留存下来的古希腊文学作品总量的大部分。

　　这些悲剧不但留存下来的体量大，而且几乎每一部都堪称伟大的杰作，是西方乃至世界文学史上不朽而珍贵的文学遗产。

　　戏剧的种类很多，总的说来有两种主要形式：悲剧与喜剧。

　　在古希腊的许多城市，例如伟大的雅典，酒神节是一个十分隆重的节日。当伯里克利执政时，这个节日的庆典达到了高潮，并且在节日里有了一项活动——演剧。政府会挑出3位最有名望的戏剧家，由他们各自写出4部剧来上演，包括3部悲剧和1部喜剧。为了吸引更多人来看戏，政府甚至发放"观剧津贴"。开始演的是3部令人垂泪的悲剧，然后是那部引人捧腹的喜剧，最后由观众做出评判，看谁获得胜利。

　　这也是戏剧家们最重要的节日，他们都竭力地发挥自己的才能，创作出最优美深刻的作品。

古希腊有三大著名悲剧家：埃斯库罗斯、索福克勒斯、欧里庇得斯，他们像三颗巨星一般在古希腊文学的天空中交相辉映。

虽然他们诞生在几千年之前，但他们的作品在今天看来仍然激动人心，仿佛它们不是为几千年之前的观众，而是为几千年之后的我们创作的。

埃斯库罗斯与《奥瑞斯提亚》

公元前 525 年左右，埃斯库罗斯生于雅典西北面的埃莱夫西斯，他是个戏剧天才，年轻时就参加了雅典的戏剧比赛，并在 39 岁时第一次赢得桂冠，他一生共获得了 13 项这样的桂冠。由于每次参演的作品不是 1 部而是 4 部，即 4 部作品是作为一个整体获得优胜，因此他共有 52 部作品获得桂冠。

埃斯库罗斯的死也很有特色。据说有一天，他正在野外漫步，构思一部新的剧作。这时天上飞来一只雄鹰，它抓着一只大乌龟，不过这只乌龟把头尾牢牢缩进了壳子，令老鹰无从下手，聪明的它想找块石头，将乌龟扔到石头上，把龟壳砸烂，这样就可以吃到肉。这时它正好看见下面有一个亮亮的东西在发光，以为是块石头，便将爪子一松，乌龟从天空向下砸去，只听到下面一声闷响，随即传来一声惨叫。

原来老鹰眼中那块光亮的石头并非真的石头，而是伟大的剧作家埃斯库罗斯光秃秃的脑袋！埃斯库罗斯就这样不明不白地死了，真是"祸从天降"！

人们听到这个不幸的消息十分震惊，为埃斯库罗斯举行了盛大的葬礼，还特意在他的墓前举行了隆重的演出。

后来，雅典人还为埃斯库罗斯竖立了青铜雕像，镌刻着他生前为自己写下的墓志铭，铭文中他没有赞美自己的剧作，而是赞美了他在希波战争中的英勇表现。

埃斯库罗斯的代表作是《奥瑞斯提亚》。

《奥瑞斯提亚》和其他剧作一样，是以神话为题材的，这也是几乎所有古希腊悲剧的共同点。

《奥瑞斯提亚》由三部相互密切联系的剧组成：《阿伽门农》《奠酒人》《降福女神》，叙说的是特洛伊战争的领袖阿伽门农胜利归来后为妻所杀，他的儿子俄瑞斯忒斯为父报仇并因之遭受复仇女神惩罚的故事。

先来看看《阿伽门农》。

阿伽门农的王宫外，守望人正站在王宫屋顶上，伸长脖子望着远方，为自己的命运悲叹。远处闪现了火光，意味着特洛伊已被攻克。

不久，阿伽门农带着他从特洛伊城获得的战利品——阿波罗和雅典娜的女祭司卡珊德拉凯旋，阿尔戈斯的长老们列队欢迎，设祭庆祝胜利。

在欢迎队列之中站着他的妻子克吕泰涅斯特拉，她热情洋溢地接待了丈夫，用最动听的话向他表达爱慕与相思，在他要站立的地方铺上紫色地毯。这一切令阿伽门农十分高兴，毫不怀疑地跟着她走进了王宫大门。

当卡珊德拉得知这就是阿伽门农的宫殿时，她发出了绝望的呼喊，说这就是为诸神所憎恶的家族，他们一代代都染上了鲜血，如今将受到神的惩罚。然而这也是她自己的命运，她只能走进宫门。

从宫里传出了阿伽门农的惨叫，卡珊德拉也倒在了血泊之中。

克吕泰涅斯特拉打开中门，她手握利剑，站在两具尸体前，满脸得意。

她振振有词地宣告了杀死丈夫的理由——为女儿报仇。当初希腊大军出发远征特洛伊时，阿伽门农杀了女儿伊菲革涅亚祭神，克吕泰涅斯特拉为之伤心欲绝，从此对丈夫恨之入骨，现在她终于报仇。

接着，她的情夫埃吉斯托斯也出现了，他进一步陈述了杀阿伽门农的根由：阿伽门农的父亲曾杀死自己弟弟的孩子，将其做成菜送给弟弟享用。而埃吉斯托斯就是阿伽门农父亲弟弟的儿子，被杀死并给亲生父亲吃的孩子便是他的兄长。

剧本最后，这对情夫情妇与扮演歌队的长老们吵了一阵，胜利收兵，成为阿伽门农王宫的新主人。

这就是第一部《阿伽门农》的剧情，现在我们来看第二部《奠酒人》。

剧一开始，俄瑞斯忒斯，阿伽门农唯一的儿子，从国外归来。父亲被杀时他还是孩子，他被送出了国，母亲与她的情夫认为他还小，不足为患，现在他已长大，准备回来为父复仇。

俄瑞斯忒斯先找到了日夜盼着他来报仇的姐姐，他们一同向被谋杀的父亲祈祷，祈求他帮助他们复仇。他们的复仇计划顺利实施，杀了克吕泰涅斯特拉和她的情夫埃吉斯托斯。

虽然报了仇，但弑母的大逆之罪使他心中充满了负罪感，这时复仇女神也找上门来，要惩罚他。他开始四处逃亡，复仇女神像影子一样紧紧跟随着他，无论他逃到哪里也无法摆脱。终于，在内心的负罪感与复仇女神的追踪的双重打击之下，俄瑞斯忒斯发疯了。

他的逃亡之路似乎无穷无尽。

第三部《降福女神》情节发生的主要地点是德尔斐的阿波罗神庙，它是古希腊人最重要的神庙之一，门楣上写着"人啊，你要认识自己"。

藏在神庙里的憔悴不堪的俄瑞斯忒斯，自从杀死母亲之后，被复仇女神们到处追赶，现在他已经走投无路，最后只得躲入阿波罗神庙。

复仇女神们虽然恨俄瑞斯忒斯，但她不敢冲入阿波罗的神庙滋事。可这毕竟不是长久之计，阿波罗用神谕告诉俄瑞斯忒斯前去雅典，在那里接受对他弑母罪的审判。

遵循神谕，俄瑞斯忒斯来到了雅典，在这里，贤明的智慧女神雅典娜组织了一个由公民陪审团参加的审判。审判中，由复仇女神作检察官，对俄瑞斯忒斯的弑母恶行提出起诉，阿波罗则担任被告的辩护律师。双方控辩之后，由陪审团成员们投票决定俄瑞斯忒斯是否有罪。然而结果却出人意料：判他有罪与无罪的人各占一半。这时主持审判的雅典娜走上前来，投出了关键性的无罪一票，俄瑞斯忒斯便被宣布无罪开释！

事情并没有完，挫败的复仇女神们气愤至极，宣称将把整个雅典作为复仇对象。雅典人恐惧了，神的力量是可怕的，所有凡人加起来也无法同一个神匹敌，何况是凶暴的复仇女神！

看到这情形，雅典娜知道这样下去将给雅典这个她所珍爱的城市带来无穷灾难。这时，她的智慧又一次发挥了作用，她巧妙地劝说复仇女神们放弃复仇的欲望，因为雅典人愿将她们作为自己的保护神去膜拜，她们也将如她这位智慧女神一样，定居在这座光荣之城。

一听只要她们不复仇便能与伟大的智慧女神平起平坐，在这里接受雅典人的崇拜，复仇女神们转怒为喜，她们不但答应不报复雅典人，而且愿意从此保护他们，降福于他们！

这剧的结局，不但俄瑞斯忒斯无罪开释，雅典人也因之获得了复仇女神的保护，这一切都是伟大而智慧的雅典娜的赐福，她真是仁慈的降福女神！

这就是埃斯库罗斯三部曲的大体内容。

埃斯库罗斯有一个称号：悲剧之父。由此就可以知道他的创作对于悲剧甚至整个戏剧发展的意义。

在埃斯库罗斯之前，古希腊的悲剧是由一个演员和一个合唱队组成的，这个演员就像唱独角戏一样，一个人在台上逛来逛去，从剧头一直唱到剧尾，只有合唱队与他配合。这个合唱队像评论家一样在一边不断地说旁白，对所有剧情不断地用唱歌、跳舞、朗诵来作出评论。一部剧就是这么简单，最复杂之处也就是那个演员可以不时更换面具，来表示他在扮演什么角色，虽然只有一个演员，角色可不止一个。

埃斯库罗斯对于戏剧作出的第一个贡献就是把戏剧原来如此简单的形式进行了一次大改革——他增添了第二个演员，让两个演员能够互相对话，同时上场。这个做法看上去十分简单，对于悲剧的发展却是至关重要的。

埃斯库罗斯的戏剧语言有点像荷马的史诗，优美且极具力度，我们读埃斯库罗斯的戏剧时，可以感觉出几乎每一句话都具有刀、剑与火的力量。

除语言外，埃斯库罗斯作品的另一个特色是深刻的思想性。他的剧作中无时无刻不涉及的主题就是命运——深刻的命运感，并且用命运将个人、家庭、家族、社会和神牢牢地联结起来，从而形成一种深刻的"悲剧意识"，这是埃斯库罗斯戏剧思想的主要特色。

另外，有三个方面造就了埃斯库罗斯悲剧中的悲剧意识。

第一个是英雄遭难。

埃斯库罗斯悲剧中的主角无一不是出身高贵，具有过人品质的英雄人物，这些人物的悲剧性遭遇自然能让人产生悲剧意识，他们的受难与毁灭就像拿破仑或者汉尼拔这样的英雄之死，是"悲壮的没落"。

第二是这些人之所以堕入这样的悲剧，其中的原因虽有自己的过失，但这同恶有恶报有极大的不同。这些人之所以有恶行可能是因为神：神看见人类太伟大，或者生活太完美，于是产生了类似嫉妒的情绪，从而令人类受难。

不过神并没有直接去伤害人,相反,神在处理人类时总是很公正,人也总是以最大的尊敬侍奉神。当神嫉妒人类时,他们常常只是让人类产生一种悲剧人格,而正是这悲剧人格令他们做出种种恶事,并因之受到惩罚。如此,当我们掩去神的影子——那影子通常很黯淡,不引人注目,甚至看不见——之时,我们所看到的便是英雄的主人公由于他那悲剧人格而导致悲剧性的结局。

这种悲剧人格最明白的体现就是无穷无尽的复仇欲望,这正是《奥瑞斯提亚》的基本主题。克吕泰涅斯特拉为什么要谋杀亲夫?那是因为阿伽门农杀害了她的女儿;为什么俄瑞斯忒斯要杀死自己的母亲?那是因为母亲杀害了父亲……

如此一环扣着一环,由无穷的复仇欲望带来无尽的仇杀,而那些被仇杀者相对的无辜,再加上这些相互仇杀者是血肉相连的亲人,这一切令整个剧本充满了悲剧意识。

第三个因素也许是埃斯库罗斯悲剧中悲剧分子的最大源泉,这就是上面所说的"相对的无辜"。

虽然埃斯库罗斯悲剧里遭遇悲惨命运的人们都有一定的过失,但是他们所遭受的命运与他们所受的过失是不相称的,也就是说他们从某个方面来说是有罪的,然而他们所做的事并非全无道理,因而从另一个角度来看他们不应当遭受如此命运。他们虽然有过,但依然是英雄,因而他们的毁灭仍是悲剧——是一个相对无辜的人遭受了毁灭性惩罚。

这种相对的无辜可以从两个方面来看:一是这些受到惩罚的人之所以受到惩罚,是因为他们伤害了不应当伤害的人,然而这个他们所伤害的人其实并非全无过失,相反,至少同他们自己一样是有过的,是应当受到惩罚的。因而他们的惩罚与谋害是"替天行道",是对犯罪的惩罚,是"正义的复仇"。例如,为什么克吕泰涅斯特拉要杀阿伽门农呢?这是因为他杀害了她的女儿,她难道没有理由复仇吗?因此她是相对无辜的,对她的毁灭便是悲剧。

二是在埃斯库罗斯的剧作里,有罪者必得报应是一个基本的规则。然而它有着极大的灵活性,这就是:那些犯罪者并不一定在有生之年受到惩罚,相反,他们可能平平安安地过一辈子,但他们的子孙后代不得不为他们的恶行遭受严厉的惩罚,虽然他们完全可能是一些有德行的人,应当受到神的庇佑而不是惩罚。从他们自身来看,他们又是何等的无辜!因此,他们的毁灭是不折不扣的悲剧。

而更可怕的是,虽然他们受到惩罚是他们先人的罪恶所致,是"父债子还",是某一种形式的"罪有应得",然而,又由于神并不是亲自去惩罚他们,而是假他人——常常是他们的至亲之人——之手去惩罚,因此伤害相对无辜的他们,亲人又犯下了新一重罪孽。而他们又得遭受新一轮惩罚,上演新的悲剧。

总之,在埃斯库罗斯这里,无论是受害者,还是伤害者,都是"相对无辜"的,然而他们无不遭受命运最残酷的惩罚,而且这是一个绵延数代,似乎无穷无尽的过程。

索福克勒斯与《俄狄浦斯王》

公元前496年,索福克勒斯生于雅典附近的小城科罗诺斯,比埃斯库罗斯小差不多30岁,死于公元前406年,活了90岁,在古代是罕见的高寿。

索福克勒斯出身富裕家庭,从小接受了最好的教育,还长得很英俊,因此16岁就担任了歌颂诸神的合唱队领唱。28岁时他在悲剧大赛上一举夺魁,被他击败的对手中包括埃斯库罗斯。

索福克勒斯不但歌唱得好、剧写得好，还是一位热心雅典公共事业的人，他积极参与政治活动，担任过各种重要官职包括将军，与伟大的伯里克利平起平坐。

索福克勒斯生平最后一次有记载的活动是在公元前 406 年参加欧里庇得斯的葬礼，这时他已经整整 90 岁。在葬礼上他像 16 岁时一样，重率唱诗班，为欧里庇得斯唱挽歌。

在索福克勒斯的七部著作中，《俄狄浦斯王》被公认为他最出色的作品，也一直被许多人看作最完美的悲剧，亚里士多德都在《诗学》中都经常提到它，视之为典范。

《俄狄浦斯王》的开场第一幕是这样的：

在希腊强大的城邦底比斯，一群白发肃然、神情悲哀的老人，以宙斯的祭司为首，手持缠了羊毛的树枝走来——这是求助的标志，他们是前来向他们的王俄狄浦斯乞援的，因为瘟疫正疯狂地吞噬着人民的生命，如剧中所言"城里弥漫着烟，到处是求生的歌声和痛苦的呻吟"。

俄狄浦斯迎着他们走来，双方谈起这场可怕的灾难，祭司说他们的家园与祖国正面临毁灭，请求俄狄浦斯救救他们，像他过去救他们于那可怕的女妖之手一样。

祭司所提及的事，就是著名的"斯芬克斯之谜"。

传说，当年俄狄浦斯从家乡科林斯离家出走，来到底比斯城。这时底比斯正在闹怪事，怪事的始作俑者就是斯芬克斯。

斯芬克斯是一个长着美女的头、狮子的身体，还生了一对翅膀的怪物。她来到底比斯城外，在一个交通要道驻扎下来，那里有一块高突于大地之上的巨石，她就坐在那里，对底比斯人发出各种各样的提问，都是一些古怪至极的谜语，底比斯人怎么也猜不出来，结果就是被她撕成碎片吃掉。

就这样，许多底比斯人成了她腹中之食，其中包括王后的兄弟克瑞翁的儿子。

恰在这时，底比斯的国王拉伊俄斯在三岔口被神秘的陌生人杀害，国政由克瑞翁把持。他无奈之下宣布如果有谁可以破解斯芬克斯的谜语，便可以继承死去国王的王位并娶国王的遗孀为妻。

这时，俄狄浦斯正四处流浪，无以为家，而且那时他已经知道了那个令他恐惧万分的预言：他将弑父娶母。这令他万念俱灰，甚至想一死以求解脱。得到克瑞翁的消息后，俄狄浦斯便主动去找斯芬克斯猜谜。

斯芬克斯看到竟然有人敢主动来找她，便出了一个她认为最难的谜语：

什么动物早晨四条腿走路，中午两条腿走路，晚上三条腿走路？在一切生物中，这是唯一用不同数目的腿走路的生物。用腿最多的时候，正是力量和速度最小的时候。

听完，俄狄浦斯毫不费力便猜了出来，他说："这是人呀！人在幼年，即生命的早晨，是个软弱无力的孩子，他用两条腿和两只手在地上爬行；他到了壮年，正是生命的中午，只用两条腿走路；但到了老年，已是生命的迟暮，只好拄着拐杖，好像三条腿走路。"

见俄狄浦斯准确说出了答案，斯芬克斯顿时慑服于人类的智慧，羞愧之余便从巨石上跳了下去，摔死了。

俄狄浦斯就此为底比斯立了大功，被克瑞翁和底比斯人奉为国君，同时也娶了死去国王的遗孀为妻。

听到长老们的话，俄狄浦斯当然深有同感，他告诉他们，他比他们更加痛苦，因为他不仅要为自己而痛苦，还要为他的全体人民的不幸而痛苦。他已经采取了一个最恰当的措施：请他的大舅子克瑞翁去阿波罗的神庙问卜，求神为他们指点得救之道。

克瑞翁恰在这时赶了回来，带着阿波罗的神谕：他们必须找到杀害老国王的凶手，并且惩罚他，这样才能使城邦免遭劫难。

俄狄浦斯当然同意，他也非常乐意找出这个杀人凶手，并最严厉地惩罚他，甚至如果有谁知凶不报也会遭受制裁：举国之内任何人不得接待他、不得同他交谈、不得同他一起祭神或者用餐，他将会被整个社会彻底孤立。

以后的事便是俄狄浦斯为找杀人凶手而采取的行动以及这行动导致的后果。

俄狄浦斯先是将那个名叫忒瑞西阿斯的先知找来，他是一个盲者，却能预知过去和未来。

一开始他不愿告诉俄狄浦斯真相，他强烈地暗示俄狄浦斯不要管这事，否则他们两人都不会有好结果。然而俄狄浦斯一心想抓住杀人元凶，哪肯听他的？所以当他见忒瑞西阿斯知而不言时，大怒起来，用种种严厉的话训斥已是耄耋之年的先知，甚至恶毒地宣称老人就是那罪行的策划者。

忒瑞西阿斯终于忍不住，他宣告：俄狄浦斯就是他自己要找的杀人凶手！

俄狄浦斯当然不信，他怀疑老人是伙同克瑞翁一起想谋夺他的王位，结果两人发生了一场争吵，俄狄浦斯称先知目盲，先知则称俄狄浦斯心盲，且相当明白地暗示俄狄浦斯在与一个他不应该同居的人生活在一起，等待他的将是无穷的苦难。

剧情继续往下发展，俄狄浦斯又同被他怀疑阴谋篡位的大舅子克瑞翁吵了起来，后来他的妻子伊奥卡斯忒赶来并询问起他们争吵的原因，俄狄浦斯说克瑞翁派了老先知来诬蔑他就是谋害老国王的凶手。

这时，伊奥卡斯忒安慰俄狄浦斯说先知与神示都未必可信，并借之提起了她认为一个"失灵"的神谕：阿波罗的神谕曾说她的前夫将死于他们的儿子之手，现在她的前夫却是在三岔口被一伙外邦强盗杀死，而他们的儿子也在出生不到三天时左右脚跟便被用钉子钉在一起，扔到了荒山野岭。

因此王后表示，神谕未必可信。

王后的本意是想借此安慰丈夫，然而这话对于俄狄浦斯不啻于晴天霹雳，他急忙问起老国王被杀时的情形。

王后告诉他：老国王是在福喀斯地方的一个三岔口被杀的，他身材高大，面貌同俄狄浦斯相像，只是头上有少许白发。

俄狄浦斯又问，当时老国王像平时出巡一样带了大批士兵吗？王后答："没有！他只带了少数几个侍从。"

这一切令俄狄浦斯想起了他来底比斯前在一个路口的遭遇：

那时他从阿波罗神庙得到了一个可怕的神谕：他将弑父娶母，他便逃离了从小生长的家乡科林斯，经过一个岔路口时，同一个老人和他的随从们争吵起来，由于那个老人试图用尖头棍打他，他便顺手一棍将老人打翻在地，接着又杀死了他的4个随从。现在回想起来，这个老人正与王后所说的先王相似。

情急之下，俄狄浦斯将自己的过去一一告诉了妻子：他本是科林斯王子，可是有次一个人在宴会上喝醉酒，竟然说他不是父母的亲生儿子。他烦恼之下便去阿波罗神庙求告，神谕没有告诉他是不是父母的亲生孩子，却告诉了他一个可怕的预言——他命中注定将弑父娶母。

俄狄浦斯乍听之下惊恐万分，生怕真会如神谕所言，立即远远地逃离了家乡。后来他在旅途中到了一个三岔口，发生了上面预言的一幕。

这太可怕了，难道真是他杀死了老国王吗？俄狄浦斯极其痛苦，然而尚有一线希望不是。因为那个唯一逃生的仆人说是一伙强盗，而不是一个强盗杀死了老国王。因此，俄狄浦斯还怀着侥幸心理说。

王后也怀着同样的心理，心想即使是俄狄浦斯杀死了老国王也不能说明神谕是对的，因为那个注定要杀死父亲的孩子一生下来就死了。

可俄狄浦斯还是不放心，要王后将那个幸存的仆人找来。

他们虽然不说，那不祥的预感已经慢慢笼罩他们的内心。

然而，在仆人尚未到来之前又发生了一件意外的"喜事"。

一天，俄狄浦斯的王宫门前，一个外乡人急匆匆跑来，告诉俄狄浦斯他将得到一顶新王冠，因为他的父王波吕克斯死了。

听到这个消息，俄狄浦斯悲喜交加，他想，这神谕至少有一半是不可能实现的了。

然而他仍不想回去继承王位，因为他害怕那另一半预言会实现：他将娶他依然健在的母亲。

当他把这个恐惧告诉报信人后，那人微微一笑，说："你不用怕那个预言，因为你同波吕克斯王没有血缘关系。"

这话没有给俄狄浦斯带来安慰，反而使他陷入绝望。

大惊之下的俄狄浦斯赶紧问到底怎么回事，于是报信人便将他的身世告诉了他。当年报信人从一个牧人手中接过了还在襁褓中的他，这个牧人是拉伊俄斯的手下，谁是拉伊俄斯？就是底比斯的老国王，俄狄浦斯现在的王后伊奥卡斯忒的前夫。

报信人又告诉他，当他从牧人手中接过婴儿时，他的两个脚踝是被凿穿了连在一起的。

一听到这话，正站在一边的王后伊奥卡斯忒顿时明白了一切，她绝望地冲进了王宫，临走时喊了一句："哎呀，哎呀，不幸的人呀！我只有这句话对你说，从此再没有别的话可说了。"不久便被发现上吊自尽在自己宫中。

俄狄浦斯也猜到了事情的真相，他本想一死了之，但害怕死后无颜见死去的父亲，于是用从王后身上取下的金别针刺瞎了自己的双眼。

再以后他就开始了四处流浪，直到若干年后，复仇女神在雅典裂开一座圣山，替他打开地狱之门，而他那同时是他的弟妹的儿女们将继续他的苦难。

《俄狄浦斯王》被称为最完美的悲剧，其完美之处到底在何处呢？

首先当然是它的语言。索福克勒斯的戏剧语言被历代的人们看作完美的语言。

但索福克勒斯的作品之所以不朽，其主要原因可能并非他那优美的语言，而是他在作品之中表达的深沉如大海的思想。

大家可能听说过一个词"俄狄浦斯情结"，这个词是由弗洛伊德创立，它的另一个名字就叫"恋母情结"。

索福克勒斯剧作中另一个深刻的主题是命运。

在读《俄狄浦斯王》时，我们能够深深感受到的一点就是命运不公。试问，俄狄浦斯有什么罪？他刚一生下来就被自己的亲生父母弃之如敝屣，甚至遭遗弃之前两个脚踝还被凿穿，又被绳丝穿过捆在一起——这时他只是一个刚生下来的婴儿呀！

虽然侥幸不死，得以被国王抚养，但等待他的只是更大的苦难。

他先是为了不让弑父娶母的预言应验而被迫离开自幼生长的地方，四处流浪，无以为家。后来他为民除害，杀死了吃人的妖魔，当上了底比斯的王。他以为得到了安宁幸福，他也有资格如此，但实际又如何呢？他这个虚假的安宁之中潜藏着多么巨大的痛苦！如那先知所言，他"不知不觉之中和最亲近的人可耻地生活在一起，却看不见自己的灾难。"

那可怕的灾难发生了，但他又能怎样呢？剧中人对俄狄浦斯说："你最好死去，胜过瞎着眼睛活着。"但他不能，因为他无脸面见地下的父母!

这就是俄狄浦斯的苦难,生不如死的苦难!

对此,除了愤懑命运的不公外,我们还能说什么?

是的,索福克勒斯说,这一切都是命,俄狄浦斯甚至在出生之前就注定要罹受如此苦难。

没有人的幸福是长久的,索福克勒斯在剧中说,这是注定的,我们人类除了默默忍受这痛苦的命运,别无选择。

欧里庇得斯与《美狄亚》

公元前484年,欧里庇得斯出生在雅典一个贫寒之家,母亲是一个在市场卖菜的小贩,后来他结了婚,但婚姻生活相当不幸。

欧里庇得斯平生唯一可称之为幸福的事也许是他生了个好儿子,一位出色的诗人。儿子很爱欧里庇得斯,在欧里庇得斯离世之后,他将父亲未完成的遗作写完,并促成父亲的遗剧《酒神的伴侣》上演,还获得了当年的大奖。

欧里庇得斯一生勤奋,写下了90多部剧本。

在欧里庇得斯所有的剧本之中,最具代表性的一部就是《美狄亚》。

在讲《美狄亚》之前,我先给大家讲一个在古希腊流传广远的神话——伊阿宋和金羊毛的故事。

伊阿宋是克瑞透斯的孙子、埃宋的儿子,克瑞透斯是爱俄尔卡斯王国的建立者,他死后将王位传给了大儿子埃宋,然而他的弟弟珀利阿斯是个阴险的家伙,他篡夺了哥哥的王位。埃宋去世后,伊阿宋便投到了喀戎门下。喀戎是一个"马人",长着人的上身和马的下身,我们在讲赫拉克勒斯时曾提过,他是一个著名的教师,曾训练出不少伟大的英雄。

光阴荏苒,转眼十多年过去,珀利阿斯在篡夺来的王位上安然坐了许久，然而这时，一个神谕让他大感不安：神谕说他将受到某位穿一只鞋子的人的威胁，他在惊慌之中等待着这个人的到来。

这天，珀利阿斯像往常一样来到神庙前祭神。突然，祭坛下的人群骚动起来：他们看到一个年轻人大踏步走来，他身材异常高大健美，手执两根粗大的长矛，赤着上身，只在腰里系着一块豹皮。

这个人就是伊阿宋，他已经完成喀戎的训练，前来取回本应属于他的王位。

珀利阿斯是个聪明人，知道跟这个年轻人明争是不智的，他想出了一个诡计：他答应将王位交给伊阿宋，但有一个要求，就是要伊阿宋前去为他夺取无价之宝——科尔喀斯的金羊毛。

伊阿宋以一个年轻人的憨直毫不犹豫地将这件几乎不可能完成的任务接了下来。

他知道凭一己之力是无法弄到金羊毛的，于是就像妻子被夺走之后的墨涅拉俄斯一样，在全希腊征集起勇士来。

伊阿宋的征召十分成功，由于金羊毛在希腊十分有名，一直都有人梦寐以求想得到它，全希腊最有名的英雄们几乎都来了，其中包括最伟大的英雄赫拉克勒斯、歌儿唱得动听无比的俄尔甫斯、古希腊的巧匠阿耳戈，以及古希腊最杰出的拳王波吕克丢斯，还有其他许多曾经征讨特洛伊的英雄。

阿耳戈在神的帮助之下，利用既轻便又十分坚固的树，包括一棵会说话的神木，建造了一艘战船。船很大，足有50支桨，又很轻，轻得众位英雄可以将它扛在肩膀上走。

一路上他们经过了无数艰难险阻，战胜了数不清的坏人和妖魔鬼怪，如只有女人的妇人国、有六条胳膊的巨人、长着女人头的鸟儿、羽毛是箭的鹰等。最后他们终于抵达了科尔喀斯，见到了国王埃厄忒斯。

国王得知他们的来意后，本来想一剑就把他们宰了，但想到希腊人不是好惹的，于是也像伊阿宋的叔父一样，想出了一条毒计：他要伊阿宋驾驭有着铜蹄、鼻中喷火的神牛去犁战神阿瑞斯的圣田，然后种下龙牙，并把长出来的巨人杀死。

这又是一个凡人不可能完成的任务，正当伊阿宋苦恼要怎么办时，爱神阿佛洛狄忒出现并帮助了他。

埃厄忒斯有一个小女儿，名叫美狄亚，长得既漂亮又聪明，她是地狱女神的祭司，懂得许多厉害的魔法。她看到天神一样俊美的伊阿宋后疯狂地爱上了他。因此，当伊阿宋向她请求帮助时，她欣然答应。她给了伊阿宋一瓶魔水。伊阿宋涂上魔水之后就刀枪不入，并且具有天神的力量，战无不胜，遗憾的是这种魔水的力量只能持续一天。

然而一天就够了。这天，伊阿宋如约来到圣田，在众目睽睽之下将喷火的神牛抓起来，硬给它们套上了铁制的犁，让它们耕田，又将龙牙一颗颗撒在犁好的沟垄里。当巨人们长出来时，他又在他们中间扔下一块石头，让巨人们像饿汉争面包一样大打出手，然后自己在旁边补刀，将巨人们一个个收拾掉。这一切都多亏了美狄亚。

完成任务后，伊阿宋前来领取奖励，要国王按照诺言给他们金羊毛。埃厄忒斯得知是女儿帮了他们，不愿履行诺言，美狄亚再一次伸出了援手，她用魔法迫使那看守金羊毛的原来永不睡眠的巨龙呼呼大睡，然后让伊阿宋爬上树去取下了珍贵无比的金羊毛。

由于再也不能待在家乡，加之伊阿宋发誓要娶她为妻，美狄亚抛弃了父亲与故土，与伊阿宋私奔。

他们从科尔喀斯回希腊的路上也像来时一样遭遇了许多阻碍，既有美狄亚愤怒的父亲派来的军队，也有各色妖魔，例如青铜时代巨人的后代，他像阿喀琉斯一样力大无穷，也只有脚踝会受伤；还有那有名的塞壬女妖，其歌声极为动听，水手们听到后会不知不觉地循着歌声走去，最后被弄到海里喂鱼。

这一切都被英雄们克服了，其中很多是美狄亚的功劳，例如那青铜时代巨人就是她用魔法弄死的。然而，她和伊阿宋也做了一件伤天害理的坏事。

原来，当他们逃跑时，她的父亲埃厄忒斯派来追踪的人之一是她的亲弟弟，他率军成功地围住了希腊人，眼看无法冲出重围，美狄亚想出了一条毒计，她假装要帮弟弟夺回金羊毛，约他会面。她弟弟当然不相信亲姐姐会谋害他，坦然前来赴约，当他朝姐姐走来时，伊阿宋从后面偷偷溜上来，一刀砍死了他。

最后他们总算平安回到了希腊，伊阿宋将金羊毛交到了叔叔手上，以为能够就此得享王位了。然而这只是一个阴谋罢了，珀利阿斯岂会将王位让出来？

被叔叔的背信气得发疯的伊阿宋再一次请美狄亚帮忙。美狄亚现在已经是伊阿宋合法的妻子，她当然从命。她先找来一只老羊，然后又找来珀利阿斯的女儿们，在她们面前将老羊大卸八块，丢进沸腾的锅里。过了一会儿，从锅里升上来的不是老羊煮熟了的肉，而是一只漂亮的小羊羔。

美狄亚对目瞪口呆的珀利阿斯的女儿们说："如果你们将父亲也像这头老羊一样处理，我会还你们一个年轻的父亲。"

珀利阿斯的女儿们一听顿时欣喜不已，她们真的找来自己的父亲，一把抓住他，将他砍成碎片，然后让美狄亚施法帮父亲"返老还童"。

结果不言而喻，她们得到的只是父亲的尸体，这可怕的谋杀激起了爱俄尔卡斯人的愤怒，他们群起攻之，伊阿宋两口子见待不下去了，只得逃到科林斯，在那里隐居起来。

此后是平静的十年，也是美狄亚最幸福的日子。他们像普通老百姓一样生活在科林斯，由于美狄亚集美、慧、贤于一身，她赢得了丈夫与科林斯人民的喜爱，她还生了两个儿子。

不过，美狄亚虽然聪明能干，还懂法术，毕竟只是凡人，像凡人一样会衰老。十年之后的她渐渐不像往日那般青春美丽。伊阿宋也渐渐地察觉到这点，于是对美狄亚越来越冷淡，当他遇上科林斯年轻美丽的公主时，便迫不及待地做了一个负心男人通常都会做的事：抛弃美狄亚，向年轻的公主求婚。

公主看到这样一位驰名全希腊且又英俊的男子向她求婚，不由得喜出望外。她的父亲也愿意找一个有本事的女婿来保护王位与国家。对于伊阿宋，他这样做不但可以得到一位年轻貌美的妻子，甚至还可能得到一个王国，圆他苦思了一辈子的国王梦！

不难看出，这一桩婚事里英雄、公主与国王各取所需，然而谁都没有去想另一个人将因为他们的收获而失去一切！这个人就是美狄亚。

当初，为了伊阿宋，她抛弃了一切——国家、父亲，甚至杀害了亲弟弟。现在，丈夫与家庭就是她的一切！失去了伊阿宋对于她就是失去了一切。但他们，她的丈夫、科林斯王、公主，却要剥夺她的一切。

这就是《美狄亚》一剧开始时的情形。

我们现在就来看看《美狄亚》一剧的内容吧。

剧一开场出来的是保姆，她负责照管美狄亚的两个儿子，她将悲剧的背景大致叙述了一遍：美狄亚因为对伊阿宋狂热的爱而来到了希腊，又为他杀死了珀利阿斯，因而来到这科林斯城。她一向受人爱戴，且对丈夫百依百顺，家庭和美。像保姆所言："妻子不同丈夫争吵，家庭最是相安。"

然而现在一切都变了，伊阿宋抛弃了她，她全身都沉浸在悲伤里，悲叹丈夫的背弃婚誓，悲叹自己背弃了亲爱的父亲，并且这悲叹现在已经变成了恨，她恨丈夫，恨与丈夫相关的一切——首当其冲的就是她同丈夫所生的儿子。

这时保傅，也就是男保姆，带着两个孩子来了，两人一起悲叹着俄狄浦斯对妻儿的伤害。屋里传来了美狄亚悲伤得发狂的呼喊，使保姆大发感慨："这些贵人的心理多么可怕！"

是的，美狄亚的心理现在变得十分可怕，她一次又一次地发出痛苦的呼喊。

然而，可怜的女人！她没有想到，她如此的痛苦并不是结束，还有更大的痛苦等着她呢！

这时克瑞翁来了，他就是俄狄浦斯的大舅子，俄狄浦斯出走后他便继承了科林斯的王位。他给美狄亚送来了最后通牒：他决定将她驱逐出科林斯。

他的话令正在悲伤之中的美狄亚大惊，她握着克瑞翁的手，恳求国王收回成命。

然而克瑞翁心意已决，说美狄亚这些温软恳求的话令他更加下定了决心，因为这说明她很狡猾，他更要提防她了！

美狄亚终于明白过来她已经被驱逐，再也不能待在已经生活了整整10年、她视之为家的地方了。

她陷入了深深的绝望，而绝望令她铤而走险。她请求克瑞翁让她多留一天："让我多住一天，好决定到哪儿去，既然孩子的父亲对他们不管不顾，我得替他们找个安身的地方。可怜可怜他们吧，你也是儿女的父亲。我自己被驱逐出境倒没什么，我不过是心痛他们也跟着我一起遭受苦难。"

同为父亲的克瑞翁实在不能拒绝美狄亚这个恳求，然而这将是他致命的错误。

绝望之中的美狄亚决心在一天之内把自己丈夫、克瑞翁和他的女儿变成三具尸体。

这是第一场。

第二场一开始,伊阿宋来了,他大骂妻子,骂她竟然敢责怪国王,他说:"你只得到这种放逐的惩罚,还是便宜了你呢!"

美狄亚回敬他,说:"你害了朋友,又来看她,这不是胆量,不是勇气,而是人类最大的毛病,叫作无耻。"

她让伊阿宋回忆一下她为他做了什么,从替他制服那本来会一脚把他踏成肉泥的铜蹄火牛,到为他夺得金羊毛,还帮他杀死背信的珀利阿斯,总之,伊阿宋所谓的英雄功绩,其实大半是她的功劳。而且,她能到哪里去呢?

对于美狄亚的这些话,伊阿宋如此回答:她帮他只是因为爱神的箭射中了她,实际上帮了他的是爱神。而且,美狄亚从救他这件事中所得到的好处比她给他的还多哩!因为他将美狄亚带离野蛮的科尔喀斯,来到了文明的希腊!

第三场中又一个人物进场了,他就是雅典国王埃勾斯,他为求子前往阿波罗神庙,经过科林斯,听说了美狄亚的遭遇,不由得义愤填膺,这时美狄亚表示如果埃勾斯让她到他的国家去避难,她将用法术让他生个儿子。

埃勾斯听后惊喜不已,他郑重地保证会收留、保护美狄亚。

这样美狄亚未来就有了安身之地,她可以放心地将她的计谋付诸实施了。

美狄亚先派人找来伊阿宋,说她知错了,甘愿接受被驱逐的命运,只求能把她的两个孩子留下来。直接求国王是一定不行的,因此她要伊阿宋先去求马上要成为他妻子的公主，让她转求国王。伊阿宋虽已经不爱妻子，但儿子他不得不考虑。于是他立即答应下来，可当务之急是要先让公主同意。

美狄亚拿出两件宝物：一顶金冠和一件极精致的袍子。她要两个孩子将这两件宝物捧去送给公主，也许公主看在这两件厚礼的份上会答应伊阿宋。

伊阿宋决定听美狄亚的，于是带着两个孩子进了宫，把礼物献给了快要做新娘的公主。看到如此精美的礼物，公主十分高兴，当即答应了未婚夫的请求，然后迫不及待地戴上金冠，穿上袍子。

她立刻感到呼吸困难，嘴里吐出了白沫，瞳孔上翻，面色惨白，又过了一会儿，那金冠开始冒出火焰，"她的面容已不像人，血与火一起从她头上流下来，她的肌肉正像松脂似的，一滴滴地叫毒药这张看不见的嘴从她的骨骼间吮了去。"

当她的父亲想将女儿扶起来时，他的身体顿时也粘在了袍子上，他想挣开，"可他那老朽的肌肉便从他的骨骼上分裂开来"。

当父女俩在可怕的痛苦中挣扎时，美狄亚同样在感受着痛苦。一方面，她要杀了孩子，让伊阿宋痛苦；另一方面，这毕竟也是她一向疼爱的孩子，她如何下得了手？她知道这只会"弄得我自己反受到双倍的痛苦"。

但无论怎样痛苦，美狄亚还是亲手杀死了两个儿子。

剧的最后，当伊阿宋前来为他的未婚妻报仇雪恨时，看到的是美狄亚乘着毒龙牵引的车子在空中出现，他们像前面那样吵了一会儿，最后美狄亚抱着孩子的尸体，凌空而去。

戏剧就这样结束了。

第十一章

远古时期的希腊艺术

古希腊艺术是伟大的,即使过去了几千年,至今也没有哪个艺术家敢说自己的艺术作品,特别是雕刻作品比古希腊时期的作品更加伟大。

希腊的艺术大致可分为三个时期,即远古、古风、古典。

远古时期的希腊艺术,要从克里特岛上的迷宫讲起。

克里特岛上的迷宫

在终年碧波荡漾的爱琴海上,很早以前就有人生活了,人一旦存在,他们最早做的事之一就是艺术。这是全人类共有的规律,居住在爱琴海中无数岛屿上的人们也是如此,并且在大岛克里特上达到了古希腊艺术的第一个高峰。

这个克里特岛上的文明也被称作"米诺斯文明"。关于它的起源,宙斯是如何将美女欧罗巴弄到克里特岛,并生下了儿子米诺斯,前面已经说过,这里只谈它的艺术。

复杂而舒适的迷宫

在米诺斯文明所有的艺术形式中，最有名的就是克诺索斯宫，又被称为"迷宫"。

迷宫大约始建于公元前2000年，后来几次毁于战争和大火，但克里特人很有耐心，又一次次在废墟上重建，前文提到伊文思博士挖出来的就是它。

迷宫背靠一座庞大又结实的山，墙壁是一些大石块，有的足有一米厚。依据复原后的遗址来看，它东西长约150米，南北宽约100米，建筑面积至少有16000平方米。但它最令人叫绝的地方不是大，而是古怪：它里面的房子、走廊、园子等多得令人眼花缭乱，走进里面很难分清东南西北。

迷宫的中心是一个长达50米、宽约29米的大院子（说不定就是传说中曾经关牛头怪的地方）。院子北面有一个小小的剧院，像古希腊所有剧院一样，是露天的，大家就坐在星光或阳光下看戏。院子南面还有一些小屋子，是下人住的地方。

与北面隔得最远的院子南面就是国王住的地方，旁边还有祭神的地方，它有一个特别的名字，叫"双斧宫"。

西面有国王藏金银财宝的仓库，以及另一座祭神的大庙。

这里有一个"觐见室"，位于西部的底层，是修复得比较完整的宫室之一。室内有一张保存完好的御座，式样和今天高背靠椅很相似。

王宫东面有一道又窄又陡的台阶，可以从王宫一直走到山下。

这就是迷宫的大体构造，它还有一个特点就是住起来相当舒服，主要有三个原因：

首先是安全，墙壁是厚厚的石头墙，敌人很难攻入，因为结构复杂，敌人就是进来了恐怕也会迷路。

其次是有相当科学合理的卫生设施，例如，有下水道、自来水、暖气，甚至还有"电梯"，当然它不是用电来发动的，但用处一样，能把人直直地送上楼。

再次是采光非常好。为了解决一座结构复杂、屋宇众多的建筑的空气调节和采光问题，古代克里特建筑师们运用光学和几何学的原理，在紧密相连的各楼室间建有一个个天井，让光线和空气通过靠着天井的窗户和通风口进入室内。由于底层光线较暗，在天井的一角装有一块磨光的大理石。光线通过大理石的反射投入房间，使位于底层的屋室照样光线明亮。

王宫甚至还铺设了今天看来依然比较科学完备的供水、汇雨和排水系统。例如，在王后寝宫旁边的盥洗室里有着复杂别致的排水管道，它是由一节节陶土烧制的圆筒衔接起来的，这些圆筒两头小、中间大，呈橄榄状，当污水通过管道排到外面时，根据水力学原理，水流随着管道口径的变化产生冲力，起到避免堵塞排水系统的作用。

生动自然的绘画

米诺斯王宫不但结构复杂，里面还有着大量生动的壁画。这些绘画题材丰富多彩，既有人物，也有动物与植物。但占最主要地位的还是动物，并且是海洋动物。在王后寝宫的墙上绘有各式各样的"鱼儿"悠然自在地游来游去，还有黑乎乎的"章鱼"、尖嘴巴的"海豚"等，它们在漂浮着的海草间穿来穿去，仿佛这里不是米诺斯宫王的墙，而是蔚蓝的海！令人不禁猜测这位王后可能是个海洋动物爱好者，所以把她的卧室也弄成水族馆的模样。

除了海洋动物，宫里的牛也画得相当不错，内容有人斗牛、人与牛玩耍等。牛在古希腊是很重要的文化符号，宙斯就是化为一头公牛抢走了米诺斯王的女儿，迷宫中关着的怪物也是半人半牛。

迷宫的走廊上画着各式各样的人，有大眼睛、黑头发、穿着薄薄衣衫的贵妇人，还有手握牛角杯、正在大吃大喝的男人。这里的人们对肤色的审美与现代人相同，女人的皮肤白里透红，男人的皮肤则被太阳晒成了古铜色。

在西宫北侧壁画间里有一巨幅壁画特别精彩，它描绘了古人的运动比赛场景，主题是三名青年男女斗牛。一头黄牛占据了绝大部分画面，它往前猛冲，一个少年在前面全力按住牛角，牛后的少年则脚跟离地，双手扬起，把一个体态轻盈、身着红装的少女抛向空中，少女在空中做完空翻动作后，稳稳倒立在牛背上。

中央庭院南边一间宫室墙上一幅克诺索斯王的壁画像也很精彩。壁画有真人大小，画中的国王头戴装饰有百合花和孔雀翎的王冠，过肩的长发向后飘动，脖子上挂着朵朵百合花串成的项链。他腰束皮带，身着短裙，正大步流星地往前走去。由于王冠和项链都装饰着百合花样的饰物，所以这幅壁画被叫作"戴百合花的国王"。

觐见室里有一幅神话题材的壁画也很有意思。画中有三头卧伏在芦苇丛中的怪兽，它们均为鹰头狮身，又有翅膀和蛇尾。据说这种怪物的头、身和尾分别代表天上、地面和地下的神灵。壁画的款式相当奇特，色彩鲜艳，形象颇为生动。

这些壁画最大的特色就是生动自然。

与虽然古老得多，但看上去很呆板的古埃及壁画不一样，克里特人的这些壁画总是充满了生气。那些鱼、鸟、人一个个都如活的一样。从中也不难看出，克里特人一向是依据实物来画的，因此相当写实又生动，寥寥数笔就能把一条鱼或者一个人活灵活现地画到墙上。

这可以说是他们艺术的力量之源，后来古典时代的希腊人就是沿着这条金光大道而到达艺术的巅峰。

迷宫壁画的另一大特点就是当时的画家采用了一种特别的颜料，那是一种新鲜的湿灰泥。壁画的程序是先在墙壁涂上湿灰泥，在上面绘画，干了后再在上面涂一层薄薄的透明汁液，目的是不让它褪色或者干裂。这样的结果就是当伊文思刚打开米诺斯王宫时，发现墙上壁画的色彩依旧相当鲜艳，好像不是3000年前，而是300年前甚至30年前画上去的一样。

别致优美的雕刻

迷宫中的雕刻没有壁画多，但雕刻的技法相当不错，内容主要是牛和人。

例如有一件牛头杯，原材料主要是冻石，牛角则是贴了金子的硬木，眼睛血红中带绿色，是用红色、绿色的玉和石英石镶上去的，两只鼻孔周围还镶上了白色的贝壳，因此看上去与真的牛头几乎一模一样。

迷宫中出土的一件女性雕像也很有名。雕像高约30厘米，是用陶土烧制成的，色彩则以黄、红两色的渐变为主。只见这位女士身材迷人，符合"黄金分割"比例，头戴一顶长着尖角的帽子，上衣裹得紧紧的，下身则是一条长裙，最外面的一层最短，里面的一层则长点儿，共有6层。由于她一只手里执着一条蛇，因此被命名为"持蛇女神"。

除了这些雕像，迷宫中还出土了许多小石章，这些小石章很像中国人用的印章，不过上面刻的不是文字而是一些小像，有长角的羚羊、呆头呆脑的鱼等，小巧别致。

两种风格的陶器

克里特人的器皿主要是陶器，而且陶器制作水平相当高。

这些陶器制作被分为两个时期，前一个叫维西尼亚式，后一个叫卡马瑞斯式。

最早的维西尼亚式陶器还没有用陶轮，纯用手工制作。改用陶轮后，先是慢转轮，后来又用上了快转轮。陶工先用陶轮转出陶坯，再涂上一层颜料，等烧好后又用火烤陶器的表面，这样涂料就会向四周散开，颜色也会变化：先是褐色，再过渡到黄色和淡黄色，最后是深褐色。这种陶器被称作"斑纹彩陶"，特点是只有色彩，没有图形装饰，显得古朴庄重。

后来，陶工开始给陶器加上各种各样的几何图形，有菱形、三角形、山形纹、旋涡纹等，还有鱼、贝壳、叶子等各种形式的花纹，结果倒失了原来那种古朴庄重的韵味。这些陶器的种类主要有长嘴陶、短嘴罐、方形的酒杯、浅口的盘子、双耳瓶、高脚杯、壶等，样式相当多。

卡马瑞斯式陶器比维西尼亚式陶器品种和数量更多，都是用快转陶轮做的，色彩更加丰富，有黑、白、红、黄、橙等。这些陶器上面都有纹饰，大体分为两类：一类是几何纹样，有新月纹、连续的拱形纹、水涡纹、波浪纹、钩形纹、球形纹等；另一类是植物纹样，看起来既像植物又像几何图形，有水莲纹、百合纹、向日葵纹、橄榄纹、刺纹等。用这些花纹装饰的陶器色彩缤纷，简直令人眼花缭乱。

除上面的花纹外，还有一种用真正的绘画装饰的陶器，这些陶器是最好看的。有的在黑色底子上画着橙色、白色、黄色的花朵，有的是一只只动物，活灵活现，例如在一只画着章鱼的陶罐上，那章鱼一条条触手向四周张开，瞪着两只小眼睛，一副要把你紧紧缠住的样子，旁边还有漂浮的水草，极为生动。

迈锡尼人的艺术

在荷马的史诗里,迈锡尼被称作"多金的迈锡尼",它的王就是伟大的阿伽门农。

巨人与宝库

迈锡尼人有着杰出的建筑才能,即使过去了几千年,古老的迈锡尼城今天依然屹立在伯罗奔尼撒东北部的亚哥里斯。城的轮廓有点儿像地图上中国的形象,周长差不多 1000 米,面积约 3 万平方米。城墙厚度达 6 米,有的地方甚至有 10 米厚。它顺着地形一会儿向山谷延伸,一会儿往坡上爬去,但各处高度都差不多,均高出地面近 20 米,相当于现在的七层楼高。

很难相信 3000 多年前只有青铜工具的奴隶竟然能建造起如此巍峨的城墙!又由于建造迈锡尼城的古希腊人早已消失在历史的长河中,因此后来的希腊人也不相信他们的祖先能凭自己的力量建造这样巨大的城,于是便说那是独眼巨人们造的,并且称这种建筑法为"独眼巨人叠石法"。

独眼巨人叠石法有两种形式,在城墙中不那么重要的地段就用一些大小不一、表面粗糙的巨石一块块垒起来,再把空隙用泥土和小石块塞住。但对于城墙重要的部分,如大门和易受攻击的地方,则用大小相同的长方形巨石叠起来,中间小小的窄缝还用泥土塞紧。这些石头大多有好几吨重,最重的达 20 吨。

城堡中最有名的部分是狮子门。

狮子门由四块巨大的石头构成左右门框、拱顶和门槛,整个门高达 10 米,顶部宽得可以供步兵、骑兵乃至战车从容进出。门框上面有块三角形的石头门楣，高 3 米，宽近 4 米，厚近 1 米，上面雕着两头体型巨大的雄狮。只见它俩高傲地仰起头，后腿踏在门楣上，前腿踏在祭坛上，显得十分神气。

迈锡尼人另一件建筑艺术的杰作是圆顶墓。

在离狮子门西南 500 米左右的地方有一条长约 35 米、宽约 6 米的长廊，没有顶盖，两边的墙用磨得平平整整的石板砌成，一直通到坟墓的大门。大门高超过 5 米，两侧有绿色的大理石半圆柱，柱身和柱头都有美丽的浮雕。最了不起的是大门的门楣，它由一整块巨石雕成，长近 9 米，宽 5 米，高超过 1 米，重达 120 吨，上面也有各种精美的浮雕。

走进大门，坟墓内部是一间圆顶大厅，高度与直径都约 14 米，由 33 层的巨石堆砌而成。墙和圆顶上原来都曾装饰有美丽的青铜花瓣，现在已经消失不见。

大厅不是用来埋死者的，只用来举行追悼会。死者埋在旁边一间四方形的小房间里，一条狭小的地道将它与大厅连接起来。

这样的圆顶墓共有九个，都是用来埋葬国王们的，其中最大的叫"阿特柔斯宝库"，施里曼曾在里面发现了许多黄金制作的精美物品。

除"阿特柔斯宝库"外，还有"克吕泰涅斯特拉陵墓"也很大，里面埋的据说是阿伽门农的妻子克吕泰涅斯特拉。

狮子门上的雕刻

迈锡尼期在雕刻艺术上也取得了不小的成就，这从狮子门上就可以看出来。

狮子门上的狮子不但身形巨大，而且肌肉也雕得极富力度。它们分左右两只，分别镇守着城门，这种对称的构图法使得整体既平衡又威严。

迈锡尼人对于雕刻不但在行，而且十分热衷此道。在《伊利亚特》里记载着技艺精湛的铁匠赫菲斯特为最伟大的希腊英雄阿喀琉斯铸造盾牌的情形：

铸好盾牌的主体后，匠神又仔细地装饰了盾牌，在上面雕刻了许多东西，极为复杂又美丽，例如有一个葡萄园，里面有很多葡萄树，树上挂着许多葡萄，背景上还有一根白银镶成的柱子，葡萄藤就缠在上面。还在园子周围刻了一条蓝色的沟，沟外有锡做的篱笆。另外还有一群牛，有的牛是用黄金雕成的，有的则用锡雕成，长着直直的角，画面中它们一路叫着，从牛栏前往牧场，甚至刻上了流水潺潺、芦苇摇曳的小溪。整个盾牌雕饰精美，堪称神奇！

迈锡尼人几乎在所有能雕刻的地方都进行了各种各样的雕刻，大到门楣、小到瓶瓶罐罐，甚至长矛宝剑上都有，而且雕得都相当精美。例如，施里曼曾从那些竖井墓里找到的一把匕首，一面雕刻着猎狮的场面：五个不怕死的猎人手持长矛和盾牌，与一头威猛的雄狮进行殊死搏斗，一个猎人已经倒在雄狮的利爪下，其他四人挺身向前，毫不退缩。另一面则反过来，狮子成了捕猎者，不过它们捕猎的对象是羚羊：一只勇猛的雄狮扑向一群羚羊，四只羚羊撒腿就跑，第五只则被狮子抓倒在爪下。每个人、每头狮子、每只羚羊都栩栩如生。

精致奢华的器皿

除了建筑雕刻，迈锡尼人的器皿制作技术也很高。

从制作材料上来说，有陶器、金器、银器、铁器、石器和水晶器皿等；从用途上来说，有盛水用的、陪葬用的、打仗用的、喝酒用的等。

先来看陶器。迈锡尼时期的陶器发现得不是很多，因为陶器虽然价廉物美，但终究是陶土做的，买一个花不了多少钱，因此那些"多金的迈锡尼人"对它颇为藐视，不大用它。但从找到的陶器来看，迈锡尼人的陶器制作技术水平还是很高的，这从最早期的米尼亚陶器上就可以看出来。

这些米尼亚陶器一般都是灰色的，形状十分规则，表面也很平滑，上面有各式各样的花纹，有的是一圈圈的三角形，有的是螺旋形。最特别的是有动物的形状，它们有点像我国半坡村出土的陶器。它们有的长着小小的长嘴巴，有的一边生一个小耳朵，有的吐出一节舌头，水就顺着这舌头流下来，不致乱洒一气，个个都精致可爱。

迈锡尼号称"多金"，那金器自然不会少。施里曼就从迈锡尼人的墓葬里发现了大量金器。这些金器有三个特点：式样多，用途多，数量多。

先说式样。有的金器大得可以包下一个人的整张脸；有的很小，是一颗小珠子，只能别在小姑娘的耳朵上；有的是剑柄，可以在前面接上刀身当剑使；有的是一个酒壶，大概装得下三斤酒。

再说用途，从前面的样式就可以看出，这些金器。有的用来给女士们作装饰品，如小珠子、手镯之类；有的是男士们用来喝酒的工具，如大金杯；有的用来装饰武器，镶在宝剑或者盾牌上，显示勇士们的高贵与富有；还有的用来陪葬，这方面迈锡尼人特别大方，所以才给后来的人们留下了许多珍贵的文物。

至于数量多就不用说了，希腊和英、美各国的博物馆中收藏的一件件闪闪发光的迈锡尼金器令人看得眼花缭乱。

迈锡尼有两件金器特别著名，第一件是金面具。

只见这位国王额头窄窄，眉毛紧贴在眼眶上，眼睛安详地闭着，挺直的鼻子下八字须往左右翘开，双唇紧闭，从耳朵到下巴则是铁丝样的络腮胡子，看起来十足是个勇猛的武士。

这样的金面具不止一件，每个金面具都是一个国王的遗像，这些金面具都是写实的，严格按照国王的真实面容来制作，所以有的浓眉大眼，有的只有淡淡的扫帚眉，其他如嘴巴和面部表情等也各有不同。

另一件则是大金杯。

在《伊利亚特》里有这样一段话，说的是亚该亚人把被特洛伊人击伤的马卡翁带到派罗斯王涅斯托耳的帐篷里来，一个女奴给战士们献上了美酒，原著是这样描述这只杯子的：这酒杯是老人从家乡带来的，它镶嵌着金钉，杯上有四个提耳，每个提耳上站着一对黄金制成的鸽子，它们好像正在啄食饮水。

施里曼挖到了一只金杯，与上面的描述十分相似：两边各有一只提耳，每个提耳上也有一只黄金制成的鸽子。从这里可以说明这些古墓和遥远的特洛伊战争确实有密切的关系。

此外，迈锡尼时期的器皿里还有不少银器，都是用上好的白银制作的，其中有两件特别引人注目。

一件是狮头形银杯，不过它乍看并不像杯子，倒更像狮头，因为轻易看不出杯口，也没有杯脚，它愤怒地瞪着眼，龇牙咧嘴，像要把敢从它脑袋里喝酒的人吃了一样。

另一件是牛头杯，有点像前面米诺斯人造的那只大冻石牛头杯，只是脑袋上别了朵大银花。

至于铜器，迈锡尼人的兵器都是用铜制的。在一个坑墓里曾找到三把匕首、四支矛头、五把剑，不但非常锋利，而且上面还雕刻着斗狮场面，精美绝伦。

迈锡尼时期的其他器皿还有水晶器、铁器、石器，乃至用琥珀和石榴石做的器皿等，都相当精美。例如有一只水晶做的小瓶子，通体像只小天鹅，造型十分可爱。

第十二章

走向黄金时代

远古时期之后，便进入了古希腊艺术的黄金时代。这个黄金时代可以分成两个部分：古风期与古典期。

古风期开始于公元前700年，终止于古典期的开始。

古风期最初的艺术品尤其是雕像有一个特点，就是和古埃及的雕像相似，仿佛就是古埃及的舶来品。

三尊雕像与三大步

规模庞大的纽约大都会博物馆存放着一尊希腊古风期的雕像，它创作于公元前7世纪左右，是典型的古风期早期雕像。

这是一个成年男士的雕像，身高超过1.8米，全身一丝不挂，包括生殖器都细致地雕刻出来。他身体直立，双手自然地垂在两边，双腿微微分开，左腿稍向前迈，双目紧闭，一副沉思的模样。全身的肌肉虽然轮廓分明，但并不像大力士那样块块凸起。

这一尊雕像给人留下两个印象：一是写实，它与我们眼中看到的人几乎没有什么区别；二是它整体结构匀称，基本符合"黄金分割"比例，眉清目秀，像一个真实的美男子。

如果大家看过古埃及的雕像，就会在两者之间发现惊人的相似，例如，有一尊同样作于公元前7世纪的古埃及雕像，它也保持全身直立向前，头部五官与前胸等都直直地面对着欣赏者，显得十分对称，但又显得机械呆板。两座雕像都是双腿略微前后分开，并且都是左脚向前、右脚在后。

当然两者也有区别，主要是三点：一是尺寸，古希腊雕像高达1.8米，埃及的雕像不及它的三分之一；二是古希腊雕像是很写实的，把包括生殖器在内的部分都一一仔细地雕刻出来，而埃及的雕像把敏感部位牢牢地盖住了；三是虽然两座雕像都不是太美，但希腊的比埃及的要美多了。

这样的区分是很重要的，它直接预示着后来希腊雕像的发展趋向：尊重人的真实面貌，包括形体大小和生殖器的存在，并且要求雕像具有美感。后来的希腊雕像就是循着这条路发展下去的。

那些最早的类埃及雕像诞生之后，又过了百年左右，希腊人的雕刻艺术有了相当大的进步，一方面保持了原来自然主义的风格，尊重人的本来形体特征；另一方面又开始超越真实的人，塑造一种理想的人。

在一尊创作于公元前530年左右的男子立像上，有了两个变化，一是身体变得更加高大，达1.9米以上；二是胸肌、腹肌等都块块凸起，显得极为强壮。

这两点之外，雕像依旧保持着原来的一些特征，如全身仍一丝不挂，显示出一贯的自然主义风格；仍面无表情，显得有些呆板；姿势也与前面的雕像一样，仍是左脚在前、右脚在后，面向前方，全身直立。

这样的结果就是雕像更美了，但整体也更不自然，令观赏者不禁会问：一个如此强壮而有活力的男人怎么会有这样呆板的姿势和表情？

可能当时的雕刻家们也有这样的想法，所以他们开始反省自己，并且努力找出解决这个问题的办法。

希腊人毕竟是艺术天才，终于找到了使他们的作品富有生气的好办法，让他们的雕像"活"了起来，这在创作于公元前480年左右的《克雷提奥斯少年》雕像上表现得淋漓尽致。

这是个十八九岁的少年，很可惜两只胳膊断了，右脚也没了。前面说过，公元前480年正是波斯人第二次入侵雅典的时间，他们在温泉关消灭斯巴达300名勇士后又捣毁了雅典城，这座《克雷提斯少年》很可能就是他们所捣毁的雕像之一。

与以前的雕像比起来，它体现了巨大的进步，表现在三个方面：

1. 那一头讨厌的直拖到脑后的鬈发终于消失了，取而代之的是一小圈围在眉毛上方的短发，这才像男人的头发。

2. 头不再是直挺挺的，而是稍稍向右转动，这样就比前文说的雕像要自然多了，同时面部也有了一点点表情。

3. 双腿虽然也是前后有点分开，但不再是左腿在前，而是右腿在前。虽然右腿已残缺，但仍看得出来原来是稍微提起的，可能是脚尖着地。左腿则直立着，承受着全身的重量。这样一来，雕像的重心不再均匀地放在两腿，而是放在靠后的左腿上。

这只是小小的一步，对于古希腊艺术的发展却是一大步，甚至是一种质变。因为它不再把万年不变的埃及法则当作自己的律令，不再坚持任何僵硬的教条，而是走向生活，师法自然，为以后的进一步创造迈开了决定性的一步。

绘画与陶器的奇妙融合

古风期的希腊人也有绘画，只是留存至今的很少，其中一幅是在科林斯附近发现的木版画。创作于公元前 6 世纪左右，画面的内容极有特征，画的不再是古希腊英雄，而是几个正在聊天的妇女。她们穿着典型的古希腊式的袍子，有的红，有的蓝，还戴着包发帽，三三两两聚成一堆，我看着你，你瞧着我，看样子正聊得不亦乐乎。

就绘画技法而言，这幅画采用了一丁点透视法，因为当妇女们一个站在另一个前面时，站在后面的那个被遮住的部分就没有画出来。这与古埃及那种毫不讲透视规则、从画面上也看不出空间的画有极大的不同，似乎蕴藏着无限的潜力。

还有，一块木板竟能保存 2000 多年而不烂掉，真是不可思议！

这样的画作很少，但另有一种画作留存到今天的有很多，就是陶器上的绘画。

前面说过古代迈锡尼人是不大爱用陶器的，古风期的希腊人却开始大量使用陶器。这些陶器主要有三个用途：一是盛东西，如盛水、储存粮食、盛酒，甚至装女士们用的化妆品等，用途相当广泛。二是装饰，那时候的希腊人有时会在屋子里放些制作得非常精致的陶器，也许会插几枝花，也许什么也不放，纯粹为了给屋子增添一点美感。第三则是一些特殊的用途，如在祭祀神明时他们会把精美的陶器作为祭品，人死后也会放一些在死者的坟墓里作为陪葬品，这种风俗在全世界都很流行。

希腊人还喜欢在这些陶器上作画，被称为"陶瓶画"。这样的画数量非常多，也各具特色。较早的陶瓶上的画还是比较简单的，与其说是画，不如说是花纹。例如一个制作于公元前 8 世纪的陶瓶，上面的图案被分成了一圈一圈，每一圈都很窄，互相平行，中间有空隙。这是一种几何图案似的花纹,有些类似于中国的万字符。

但其中有一圈比较特别,它最宽,是别的圈两倍以上,而且所画的不是几何图案似的符号,而是一种人形图案,位于两只提耳之间,大约同提耳一样高。这些细长的小人儿,只有一个剪影似的轮廓,他们排成两队,一队在左,一队在右,都朝向中间的一个什么东西,应该是棺材,因为这是坟墓里发掘出来的。

这就是古风早期陶瓶的样子,还说不上是真正的绘画。

现在再来看一个公元前 7 世纪的陶缸,它高约 36 厘米,形状像现在的葡萄酒杯,只是一边多了一个提耳。

陶缸上也有图画,这些图画除了缸口与缸脚,主要有三圈,最下面是一些几何图形,有点像三角形,往上是一圈黑白相间的小方块,分两层。最上面一圈则是一排人像,相当高,比另外两圈加起来还要高。这些人像有两个显著特点:一是所画的都是同一个人,二是他们的脑袋已经用线条清楚地描出了眼睛和鼻子,但头部以下则是纯黑色的轮廓,像一个剪影。

它的主要特点是表达的不仅仅是一个图案,还是一个故事,就是奥得修斯与独眼巨人的故事。

据《奥德赛》第九卷记载,奥德修斯在从特洛伊回希腊的途中落入了一个独眼巨人所住的山洞里。这个只有一只眼睛的家伙别的不爱吃,就爱吃人。他一看到奥德修斯一伙,就像原著中所言:

巨人跳起来,伸手抓住两个奥德修斯的伙伴,将他们捏在一块,朝着地表砸击,一下便把他们砸死。接着他一块吃掉他们。吃饱后巨人准备睡觉,为了防止这些人逃跑,他抱起一块石头堵住大门。这是一块巨岩,几十匹马都拉不动,就像一堵高耸的墙壁。

眼见自己无法逃脱随时可能被巨人杀死吃掉的困境,聪明的奥德修斯急中生智，想出了一个办法：他先给巨人献上美酒，把他灌醉，巨人睡着后，大家把一根木棍削尖，捅入巨人的眼睛，然后马上躲开。巨人唯一的眼睛瞎了，剧痛之下，自己拿开了堵住门口的巨石，奥德修斯带着大家从洞口溜之大吉。

陶瓶描述的就是这个故事。只见瓶上一连串的小奥德修斯右手握着一根木桩，往躺在地上的巨人眼中刺去。不过这巨人就有点委屈了，不但被弄瞎了眼睛，而且被画得比奥德修斯还小得多，大大辜负了巨人之名。

为什么要用一连串的小奥德修斯呢？也许只是想填满陶瓶的空间吧，这种尽量不给陶瓶留下空白是古希腊人的一个习惯。

到了这时，希腊人的陶瓶画从内容到技术都已经相当成熟，首先是有了统一的内容，绝大多数都是古希腊神话传说，尤其是《荷马史诗》里的神话传说；其次是技术上产生了绘画的定则，甚至可以说是某种技法的流派，这就是"黑像画技法"，或称为"黑绘式"。

黑绘式陶瓶画

黑绘式，就是用黑色的釉彩在红色的底子上作画，这样画出来的图像就是黑色的，所以叫"黑绘"。

例如，有一件陶瓶画，创作于公元前 570 年左右。只见画上一共只有两个人，一个人左脚在前，弓着身子，右膝跪在地上，努力要站起来。他双眼圆睁，似乎就要流下眼泪来。他的肩上压着一个比他还要高大的人，这个人全身松弛，趴在跪着的那个人身上，长长的双腿下垂着，手也无力地垂下来，双目紧闭，显然已经死去。

它所描绘的就是古希腊英雄大埃阿斯和他的朋友阿喀琉斯的故事。前面说过，阿喀琉斯是特洛伊战争中最伟大的英雄，他除脚后跟之外全身都已成为神体，因此脚后跟便成了他的命门。正是这个命门夺去了他的生命。扛着他的是他的好朋友大埃阿斯，正是他把战死的阿喀琉斯的尸体从战场上扛了回来。阿喀琉斯和大埃阿斯的名字其实从画面的左右角就可以看出来，因为陶工经常将故事中主人公的名字刻到陶器上，好让大家一看就明白。

就创作技巧来说，主要就是剪影的消失。在前面的两个陶瓶画中可以看到人物全部或者部分只是一个剪影，就无法真正地用绘画语言来呈现人的外表或者情感。而且当所画的对象有相互重叠发生时，会使重叠的部分变得漆黑一团。在这个陶瓶画中剪影已经消失不见，取而代之的是轮廓之内大量分明的细线。这些细线不但能详细地勾勒出人物的眼睛、嘴巴、鼻子等五官，而且可以表现出力量感。一根根线条仿佛就是一根根凸起的筋骨，将阿喀琉斯与大埃阿斯肢体的强健分明地勾勒出来。这无疑是绘画技法上的飞跃。

此外，这时候的陶瓶已经有了制作者的名字，比如上面这件陶瓶就刻有作者的名字，叫克利泰斯。

这一时期最了不起的陶瓶画艺术家叫欧克塞基，他有一件非常了不起的传世名作。

那是一个高约60厘米的双耳陶瓶，形状非常古朴端庄，陶瓶的上下两端是漆黑的原色，画就作在中间凸出的一块。画上只有两个人，他们面对面、弓着腰，中间有一张长方形的桌子。两人都用一只手指着桌面，像是现在下棋的样子，所以有人干脆说他们在下棋。其实这是个误会，因为那时候棋还没有产生呢。他们都披着非常精致的斗篷，戴着头盔，肩扛长矛，身后放着盾牌。区别是右边那个人身躯更硕大，头盔上有长缨，显然地位较高。

这幅画的主人公就是大埃阿斯与阿喀琉斯，他们此时正在前往特洛伊的途中，因为遇着了暴风雨，正在帐篷里做什么，也许在玩某种游戏，也许在看一幅地图，看到了哪个地方，距特洛伊还有多远。身体大的是阿喀琉斯，身体小的则是大埃阿斯。当然，这并不说明大埃阿斯个子真的要比阿喀琉斯小那么多，身体大小在陶瓶画中只是一种象征，象征着地位的高低，身体大的地位就更高。

就技法来说，它有两大进步：

一是极佳的装饰效果。陶瓶的每个部分几乎都是因瓶制宜画出来的，例如两面盾牌，因为放到了画的边缘，为了与瓶的凸面相协调，就被画成了弓形。同时人物的背面也是曲线的，这样就与瓶的凸面互相平行，显得十分和谐。加上他们精致的衣着与专注的眼神，使得画面充满了宁静之美。

二是有了透视法。画面上阿喀琉斯的左手，只露出了握着长矛的几根指头，手的其他部分都被身躯遮盖。这说明欧克塞基已经基本上把握了透视法。西方绘画最大的特色与优势就是符合透视规则，这幅画说明欧洲人在几千年之前就已经掌握了这个基本的绘画规则。

黑绘法在欧克塞基那里达到了几乎尽善尽美的境界。那么别人该怎么办呢？都甘心像他绝大部分的同时代模仿者一样，只制作些即使不是东施效颦，也是相对拙劣的作品吗？

当然不是，他的另一个同代人开始采用一种崭新的技法来创作陶瓶画，并且得到了新的、在许多方面更佳的效果。这种新的陶瓶画就是红绘式陶瓶画。

红绘式陶瓶画

红绘式陶瓶画，就是在黑色的底子上作红色的画。

创作红绘式陶瓶画时，画家先把要画的图像用布或者大树叶之类的东西剪出轮廓，就像现在的剪纸一样，再把它贴在要画画的地方，然后在其他地方涂上黑釉。当贴上去的东西被揭下来后，就出现了一个红色的剪影。画家的下一步就是在这个剪影上用软画笔进行加工，例如画出眉毛、鼻子、衣褶、腿上的筋骨。

红绘式陶瓶画的创造者据说是阿恩道特斯，他在公元前6世纪后半叶创立了这种画法，不久，其他陶瓶画家纷纷响应，到下一个世纪几乎全部陶工兼画家都采用了这种画法。

现在来介绍一幅红绘式陶瓶画，它的作者叫尤泰米德斯。画面上有三个人，左边一个抬起左腿、举起右手、弓着腰，好像在跳舞；中间一个往左偏着头，左手抓着快要掉到地上的衣服，右手握着根像旱烟杆一样的棍子，双腿一前一后叉开，一副站不稳的样子；右边一个则金鸡独立，全身歪歪扭扭，衣服几乎全没了，右手捏着像小酒杯似的东西。

这幅画画的又是何方神明或者哪路英雄呢？都不是，它画的只是三个喝得酩酊大醉的普通人，所以被称为"三个醉汉"。至于他们的"醉"，无须用文字说明，尤泰米德斯已经将其生动地画了出来。他甚至在画上加了一句："尤弗罗尼奥斯绝不能画出这样好的画。"尤弗罗尼奥斯应该是他当时的一个竞争对手。

这幅陶瓶画有两个艺术上的成就：

一是内容上超越了神话传说，将目光投向生活本身，投向活生生的人，把艺术家视野中的芸芸众生作为艺术的对象，就像后面的无数艺术家将要做的一样，尤泰米德斯就是他们伟大的先驱。

二是这幅画在透视上取得了进一步的成就，整体画法相当合乎透视法则，该挡住的挡住，该显现的显现，使整个画面富有立体感。画家甚至运用了另一个基本透视规则，就是近大远小。以前的陶瓶画从来不考虑距离的远近会造成图像大小的差异，无论远近都是一样大，如果图像有大小，也只是用来表达人物地位的高低，就像阿喀琉斯大而大埃阿斯小一样。但在尤泰米德斯的这幅陶瓶画上，左右两边的人物都要稍微小一些，因为他们距观众更远一些，这就是透视缩形产生的远小近大的效果。

尤泰米德斯生活在古风期后期，他的红绘式陶瓶画达到了陶瓶画的顶峰。在他之后希腊艺术则步入了古典期，有才华的艺术家们纷纷转向雕刻或者建筑这些古典时代巨大辉煌的艺术形式，于是陶瓶画便不可避免地走向衰落。

古风期的艺术还要讲到的便是建筑艺术。这时候的建筑只有一个内容，就是神庙。

为什么不是普通的房子，希腊人难道没有住所？当然有，但希腊人似乎从不把他们的住所当回事，所以现在很难挖到古希腊人住的房子，相反，大量地挖掘到了他们的神庙。这些神庙就建筑艺术水平而言，就是现代的建筑师也叹为观止。

古希腊的神庙并非一开始就那么豪华，而是有一个由简到奢的演变过程。这是与古代希腊经济的发展密切相关的。希腊人建神庙一方面用于表达他们对神，如万神之王宙斯、智慧女神雅典娜、天后赫拉等的崇拜之情；另一方面也可以满足他们的虚荣心，所建筑的神庙越大就说明他们越富有、越强大，这是一种国力的象征。因此希腊人变得越来越富有之后，神庙自然也日趋豪华。

至于神庙到底是什么样子，有些什么种类，其建筑艺术有何特色，将等到下章讲希腊古典时期的艺术时一并来说。

第十三章

古希腊艺术的黄金时代

古风期之后的古典期是西方古代艺术的巅峰与黄金时代。

古典期的艺术主要体现在雕刻、绘画和建筑上。在这一章里将先介绍古典期的雕刻与绘画，下一章则介绍更了不起的建筑。

在讲古典期的雕刻前，首先要了解一下雕刻技术的进步，这种进步不是雕刻技法上的，而是原料上的，即青铜雕刻的产生。

制作青铜雕像的第一步是先用黏土做一个模型。这时雕刻家就像在进行真正的艺术创作一样，尽力把这个模型做得美丽。因为黏土是软的，所以艺术家尽可以根据其思路自由创作，且随时可以修改。这正是青铜雕像较之大理石雕像的优越之处。

把模子做得满意后，雕刻家就要开始第二步工作：他先给模子涂上一层蜡，并且要尽可能地将这层蜡的表面弄得同模子一模一样，因为这蜡的表面就是未来雕像的表面。这也不会太难，因为蜡比黏土更好处理。

第三步就是给这个涂了蜡的模子的外面再做一个模子，也用黏土来做，模子的内表面要牢牢地贴着蜡层。

第四步则要简单一些，只要通过加热把里面的蜡层熔掉即可，原来是蜡的地方便成了一个空隙，形状与原来的模子一样。

第五步就是往熔掉了蜡层的两个黏土模子的空隙浇上熔化了的青铜汁。

青铜汁冷却后就会重新凝固成青铜，这时把里外两层的黏土层弄掉，一座青铜雕像就基本完成。不过最后还得进行加工，例如磨光。

青铜雕像与大理石雕像相比有巨大的优点：一是它比大理石更便于雕塑家进行创作，因此艺术家可用更少的时间创作出更美的雕像。二是大理石毕竟是石头，沉重而且相当脆，所以用大理石有许多像是没法雕刻出来的，例如伸出手臂的像或者提起一条腿的像，这样的手臂和腿比较容易掉下来。青铜就不一样，它是金属，富有张力，雕像把手臂伸长也不容易掉下来，哪怕用脚尖站着，脚也不会因受力过重而断掉，这就给了艺术家充分的创作空间。青铜的器物和雕像是早就有的，但古典期的艺术家们将它们发展到了最高的境界。

古典期的雕刻

古典期的雕刻，主要是人体雕像，是古希腊艺术的第一个高峰，其中有三尊雕像最具代表性。

第一尊是《阿特米西昂的宙斯》。这里的宙斯是个老人的形象，他全身一丝不挂，光秃的头顶周围有一圈圈鬈发，脸上长着络腮胡子。他左手远远地向前方伸直，右手则往后伸，手里好似捏着什么东西，可能原来是他用作武器的雷电吧，他正像扔石子一样地把雷电朝敌人扔去。他的两腿也大大地叉开，左腿向前弯曲，右腿向后绷直。整体形象有点儿像现在的运动员掷标枪时的样子。

这一尊雕像与以前的古希腊雕像比起来有两个特别之处：一是它的姿势，手和脚这么大大地分开，是以前从来没有见过的，用大理石也做不到这点；二是它更富有生气。大理石雕像都比较呆板，即使到了"克雷提奥斯的少年"，虽然它比更古的希腊雕像迈出了一大步，但与之后的雕刻艺术相比仍有很大的局限性。而这个宙斯雕像则又迈出了更大一步。从此以后，古希腊的雕像就开始将运动作为它的中心，也正是在运动之中，古典期的雕像将展现出它们最激动人心的美感。

把运动作为雕像的重心后，产生了第一个伟大的古希腊艺术家米隆，他最伟大的作品是青铜雕像《掷铁饼者》，它的产生标志着古希腊艺术正式进入了黄金时代。

《掷铁饼者》中的静态美

米隆是第一个堪称伟大的古希腊艺术家。关于他的资料现在留存极少，只知道他大概出生于希腊的埃留提莱，活动于公元前5世纪，据说只活了短短25岁，也有人说他活了32岁，反正寿命不长。据说，他是雕刻家阿格拉达斯的弟子，阿格拉达斯也是一位相当优秀的艺术家，但他更是一位杰出的老师。除了米隆，他的弟子还有同样伟大的雕刻家菲狄亚斯和波利克里托斯。米隆、菲狄亚斯与波利克里托斯共同缔造了古希腊雕像艺术的巅峰时代。

米隆开始创作的年代正是希腊人（主要是雅典人）刚打败波斯人、国家与人民都充满自豪感与强大感之时，米隆的雕刻铺子开在雅典，他的一生也主要在这里度过，他的雕像自然就反映了当时雅典人的这种心理——充满力量与自信。

米隆最著名的作品是《掷铁饼者》。它所表达的是运动员掷出铁饼的一刻。像所有古希腊运动员一样，他们在比赛时都一丝不挂，他左腿下蹲，脚尖着地，右腿牢牢地踏在大地上并微微弯曲，同时左手右摆，到了右膝盖的前面，右手后引，已与肩膀平行，弯曲的指尖勾着铁饼，而他的全身前倾，正像一张引而不发的弓，似乎即刻就要射出他的利箭——那只铁饼。

我们仿佛会感到，他定会将这只铁饼掷出很远，因为他每一块肌肉都充满了力量，全身好像有着使不完的劲，他的神情也是高贵而冷静的，显示出高度的自信——我一定能夺取桂冠！

这是尊极美的雕像，但也有一个缺陷，这缺陷不在掷铁饼者的手和脚上，而在他的躯干上。

可以看到，这个掷铁饼的大力士虽然正处在将铁饼往后牵引到最高点、即将往前一抛的刹那间，按理说这时全身应当充满了动感，但从他的躯体上看到的与其说是运动，不如说是稳定，雕像充满的与其说是动态之美，不如说是静态之美。

当然，这种静态之美也是美，说不定它正是因为这剧烈运动中仍具备的静态之美而千古流芳，直到今天仍被看作代表体育运动的最好标志之一。但也不能不承认它没有达到另一种效果——动感。至于原因很可能在于：它的躯干与四肢之间没有达到运动的协调。具体地说，他的四肢在运动着，而他的躯干却保持静止，而在这种情况下他是箭在弦上，不得不发，不可能静止的，使他"显得"静止的乃是米隆的雕刻技术，他把掷铁饼者的躯干雕刻成了一个相对静止的躯干，这就使得整个雕像失去了应有的动感。

也正因为这样，《掷铁饼者》尚未完成把运动作为雕刻核心这一古典期雕刻艺术的神圣使命。完美解决这一问题的是米隆的小师弟波利克里托斯。

动起来的《持矛者》

据说爱因斯坦对成功有一个定义：A = X + Y + Z，A代表成功，其他三个字母分别代表勤奋、才能与机遇。波利克里托斯正符合这一要求，他是伯罗奔尼撒半岛上的阿尔戈斯人，与米隆一样生活于公元前5世纪，比米隆年轻。他刚16岁就到了阿格拉达斯门下拜师学艺，良好的环境加上天才与勤奋，他很早就成名。波利克里托斯一生作品无数，而且几乎全是最能体现艺术家精密观察力的青铜雕像。不过很可惜，他的原作现在一件也没有流传下来。要知道青铜雕像很不好保存，一则它里面是空的，稍不小心就会被压扁，二则青铜值钱，又能制造兵器，每当战争发生时，那些缺少武器的城邦往往会将它们熔掉来铸造兵器。这可能是古希腊留存到现在的青铜雕像很少的原因之一。

波利克里托斯流传下来的复制品倒有好几个，如《持矛者》《束发的运动员》《阿玛戎》等，最有名的是在罗马庞贝古城发现的《持矛者》。

持矛者是个年轻人，虽然叫持矛者，但手里并没有长矛。他左手提起，手指握成环形，好像握着什么东西，与此相应，左肩微微上提。右手自然垂下，右肩也稍微下沉。左脚在后，脚后跟提起，好像就要抬脚开路，左臀也自然放松。右脚牢牢地踏在地上，支撑着全身，右臀于是往外微凸。更妙的是他的躯干，左边因放松而舒张，右边因承受重量而收缩。连他的头也是往右偏去，似乎在望着要去的地方。

这么看来，持矛者正在走路，雕像所描绘的就是他走完一步后、正要迈开另一步的刹那间的情形。他的运动幅度明显不如前面那位掷铁饼的人，但如果仔细看，尤其是看侧面像的话，会发现他全身都在动，这与掷铁饼者的效果就完全不一样。

为什么会有如此截然相反的差异呢？这主要是全身的协调问题。前面那个掷铁饼者的手脚虽然在运动，但躯干像静止的，所以他更富有静态美，而这个拿长矛的小伙子却是躯干加四肢都在动，所以更有动态美。他的这种姿势，即身体稍向一边偏斜，一边的肩微微下沉，同一边的臀部微微上提；同时，另一边相反，肩上提而臀下沉，头部也稍偏，这被称作"对偶倒列"，这对以后那些雕刻女性之美的艺术家们有很大影响。

波利克里托斯似乎极满意他的《持矛者》，据说为此还写了一本书《法则》，用来说明这个雕像中所体现的意义。顾名思义，他把《持矛者》中的技法当成了所有雕刻应该遵循的法则。他的这本书现在已经失传，内容据说包括以下几点：

1. 人体头部与身长的比例要是1∶7。

2. 雕像的重心要放在一条腿上，另一条腿要彻底放松，头部最好也要有动作，这样全身既紧张，又松弛，既有动又有静，在矛盾对比之中充分体现整个身体的动势。

3. 手脚要变化呼应，而且肩、腰、臀、膝都要相应地运动变化，就是要让全身都动起来。

从他以后，古希腊的雕像中可以看到，除了第一条不久就被留西波斯变成了1∶8之外，其他的法则都得到了普遍运用。

留西波斯也是一位出色的雕塑艺术家，被称为古典期的最后一位代表，据说一生创作了1500多件雕像，但只有一件作品《刮汗污的运动员》传世，这件作品描绘了一个参赛后的运动员正用石片刮掉胳膊上的汗水。

波利克里托斯的《持矛者》至此完成了把运动作为雕像重心的这一神圣使命。

在这个时期还有另一个伟大的雕刻家、波利克里托斯的师兄菲狄亚斯，但他并没有作品传世，甚至稍微出色的复制品也没有。不过，下面介绍古典期的建筑时会讲到他，因为他是古典期的艺术巅峰之作雅典卫城与帕特农神庙的艺术总监。

从波利克里托斯的《持矛者》身上还可以看到，虽然持矛者真的动起来了，动的幅度并不大，只是迈开了小小的一步，躯干与脑袋也只是稍微地侧了一下，动得还不够，距使雕像大幅度动起来还颇有一段距离，直到差不多200年后才完成了这个过程。这是一尊正在跳舞的农牧之神的雕像。这个农牧神名叫潘，整体看起来是个人，但长着羊尾巴。只见他仰首向天，挺起胸膛，满脸络腮胡子，双手往两边大张，左右腿前后相当大地叉开，并且都是脚尖着地，像正在奔跑跳跃。他全身的肌肉不再像《掷铁饼者》那般强健，而是相当干瘪，不过神情显得快活。

不久之后，公元前3世纪后半叶，运动不但走向了个体，而且走向了群体，这时开始出现了运动的群像，最有名的是高卢人群像。

这个群像来自小亚细亚的希腊化城市帕加马，是为了纪念他们对高卢人的胜利而雕刻的。高卢人大致就是现在法国人的祖先，那时还远没有希腊人文明，被希腊的文明世界称为"野蛮人"。不过，像所有野蛮人一样，高卢人是英勇无畏的。在群像里，高卢人身材巨大，极其健壮，全身近乎全裸，只有背上披着块小小的斗篷。他看样子已经受伤不轻，为了不让自己和妻子成为敌人的俘虏，他先杀死了自己的妻子，然后自杀。妻子已经死了，正往地上倒去，丈夫一只手仍紧紧地抓着她，另一只手举起剑，已经刺到了自己的脖子。他高仰着头，眼中没有丝毫惧怕，只有高傲与不屈。

整座雕像的人物都极富动感，充满了戏剧化的效果，与以前的雕像大不相同。

古希腊雕刻艺术最后的辉煌是公元前1世纪的《拉奥孔》。

《拉奥孔》描述了一个悲惨的故事：特洛伊战争进行了10年之后，还没有分出胜负，主要原因不在于交战的希腊人与特洛伊人，而是诸神，他们还没有决定让谁来获得胜利，最后诸神决定让希腊人获胜，于是启示希腊人实施了木马计。全体特洛伊人都被这个计策迷惑了，但只有拉奥孔警告特洛伊人不要将木马带进城。他的警告惹怒了支持希腊人的海神波塞冬，他派出两条巨蛇，把年老的拉奥孔和他的两个儿子活活缠死。

这是一尊看起来让人心酸的作品。拉奥孔双手都被巨蛇缠住，奋力想将它们扯开，但他没有这个力量，他的脸孔因痛苦而扭曲，那高仰的头、张开的嘴又像在为这惩罚的不公而呐喊。他的两个儿子一个已经死去，头无力地往后垂下，另一个则还在做最后的挣扎，他的眼睛望着父亲，不知是想把父亲救出来还是想向他求救，或者想看他最后一眼。但他们都紧紧地被蛇缠住。

绝望是这座雕塑的主题，人们一看到它就感到仿佛自己也被绝望牢牢地缠住了，像蛇缠住他们一样。

据说，天鹅在临死的时候能唱出最美的歌声，所以西方用"天鹅之歌"来表达这样的含义：它们是美的，但距死亡已经不远。

《拉奥孔》就是整个古希腊雕刻艺术的天鹅之歌，走到这里，古希腊的雕刻艺术甚至整个西方古代艺术已经日薄西山，再也没有希望雕琢出伟大的作品。

越来越美的女神像

整个古风期与古典期雕像艺术的发展过程中，不仅有众多伟大的男性雕像作品，还有很多同样杰出的女性雕像，例如堪称美丽之最的米洛斯的维纳斯，下面就专门来给大家介绍这些美丽的女神！

柔美的女性雕像

前面介绍雕像的发展过程时是把"运动"作为其中一条主线索来谈的,那么现在谈女性雕像又要依据一条什么样的线索呢?

这条线索有点特别,就是她们的服装。具体来说,后面将要根据服装的变化来介绍女性的雕像。随着服装款式的改变,雕像中的女神也越来越美。

现在就来看一尊具体的雕像。这是一尊古风期的雕像,创作于公元前6世纪,像那个时期的男性雕像一样,她异常高大,高达1.9米以上。全身笔直,被衣服包裹得严严实实,上身是件马甲似的服装,下身是裙子,它们都十分朴素,唯一的装饰就是一些皱起的条纹。衣服下面胸部平坦。她还双眼紧闭,没有丝毫表情。

第二座雕像比前一座晚了几十年,但同属古风期。这座雕像要美得多,主体看起来是个十七八岁的少女,扎着好几根小辫子,嘴角微微上翘,美丽的脸蛋上洋溢着笑容,可惜鼻子被打掉了一小块。她的衣服也很不错,里面是件薄薄的、柔软的衬衣,外面斜披着件像是厚毛料织成的斗篷。最大的改变是她的胸部不再那么平,而是隐隐地凸起,相比之前更有了女性特有的美。

第三座雕像创作于公元前5世纪后半叶,已经是古典期的作品,与前面两座相比,这座女性雕像已经具有叫人心跳加快的美感,所以被称作《女祖先维纳斯》。

以后大家还会看到许多维纳斯,但这些维纳斯与神话中的爱与美之女神维纳斯不是一回事,她们并不一定就是女神雕像,只是对美丽的雕像中女性的通称。

这位女祖先维纳斯比起前面两位女子要美得多。她的头微微侧向左边，像在倾听一位男子的甜言蜜语，脸上似笑非笑，似嗔非嗔。她只披着件单块布做成的衣衫，那布薄得不能再薄，紧紧地贴在她的肢体上，把每个部位的曲线都展露无遗。

从这三件作品可以看到，主体女性变得越来越美。

这里所表现的是古希腊人的自然主义思想，是他们对人类天然美的尊重，这种尊重将一直伴随古希腊的人们，令他们创造出一位比一位美丽的女神、一件比一件美好的艺术品。

前面几尊女性雕像的一个共同点是它们都没有明确的作者，也许著名雕刻家都去雕刻男性雕像了吧！在雕刻领域有这样一个规律：古风期和古典期前期的雕像大部分都是男性，后来女性雕像才渐渐兴起，希腊人的审美转变了，由崇尚男性的刚强之美走向称颂女性的柔和之美。

这也许与希腊自身有关，因为这时的希腊，尤其是创造艺术巅峰的雅典已经不再是一个武力强盛的国家，开始走向衰落，先是被瞧不起艺术的斯巴达人欺负，接着整个希腊都被腓力二世和亚历山大大帝征服，在这样的环境下，这些深感无力与无奈的人们怎有心情再去雕刻那些充满力量与自信的男性雕像呢？于是他们自然而然地转向柔弱而美丽的女性雕像。

普拉西特列斯与《尼多斯的维纳斯》

第一个以性为题材的著名雕刻家是普拉西特列斯。

普拉西特列斯是雅典人，他的活动年份大约是公元前370年到前330年间，他和父亲、儿子三代都是有名的雕刻家。这时候雅典人已经被斯巴达人打败，一度强大辉煌的雅典也走向衰落。普拉西特列斯是个大理石雕刻家，一生雕刻无数作品，除了美丽的女性雕像，他也刻男性雕像，不过从他的雕刻中的男性身上，有名的如《赫尔墨斯与小酒神》

《萨提儿》等，看不到半点男性的刚健之美，有的只是女性化的男性，像女性一般美丽而柔弱。

这两件雕刻尤其是《赫尔墨斯与小酒神》非常有名，被广泛认为是现存唯一真的出自古希腊有名有姓的大雕刻家之手的原作。它描绘了众神的信使、年轻的赫尔墨斯奉宙斯之命，将还是小孩的未来酒神狄奥尼索斯带给仙女们去抚养，中途靠在一棵树上休息的情形。只见充满了女性温柔之美的男神赫尔墨斯右手举着串葡萄，正在逗抱在他左手的小酒神，小酒神伸出手，好像正在说："给我、给我，我要！"

普拉西特列斯最有名的女性雕像作品之一《尼多斯的维纳斯》，创作于公元前370年，高略微超过2米。只见这位美丽的女士全身一丝不挂，微微地向左偏着头，左手提着刚脱下的衣衫，右手轻轻挡住下体，好像在说："要是被人看见，那可羞死人啦！"她的上身稍稍向左偏斜，臀部却稍稍向右偏斜，左腿微提，像正要莲步轻移，重心放在右脚上。在她的右边，衣衫下面，有只希腊人用来盛洗澡水的陶瓶。由此看来，普拉西特列斯雕刻的是这位美女脱下衣服、正要踏进浴缸的瞬间——但伟大的艺术家使这一刹那成为永恒。

据说这座雕像创作出来后，尼多斯岛上的人把她买去，"全世界许多人为了观赏这尊雕像，不畏艰险，航海来到尼多斯。她是这样的美丽，以至尼多斯的其他雕像都黯然失色，被人们忘记了。"这段话是伟大的古罗马作家、《自然史》的作者普林尼说的。人们写了大量的诗赞美她，其中一首借爱神之口说："普拉西特列斯啊，你曾在哪里见过像我这样的裸体？"尼多斯城的大债主、比尼西亚的王尼古米底更是被她迷得神魂颠倒，他宣称如果尼多斯人把这座雕像让给他，他就取消尼多斯人的所有债务，那可是一笔巨款。但尼多斯人不答应，他们宁愿勒紧裤带还钱，也要保留这尊据传是全希腊最美的雕像。

就艺术技巧而言，普拉西特列斯这尊雕像有何特别之处呢？前面讲《持矛者》时已经说过波利克里托斯第一次让雕像全身都运动起来，使躯干和四肢一起协调地运动，为此他找到了"对偶倒列"的艺术表达方式，使身体结构既有变化，又十分平衡，且富有美感。普拉西特列斯在这一点上完全模仿了波利克里托斯，但他的模仿不是一种单纯的模仿，而是创造性的借鉴，他将对偶倒列由男性移于女性，令雕像充满了动人的美感，在这一点上更胜于波利克里托斯，可谓青出于蓝而胜于蓝。

《尼多斯的维纳斯》很美，《卡普亚的维纳斯》则更加性感。

这尊雕像的创作时间比《尼多斯的维纳斯》稍晚，作者不明。这是一位极美的女士，长长的头发盘在头上，瓜子脸上有一双美丽而略带微笑的眼睛，挺直小巧的鼻子，下面是真正的樱桃小口。她左手上提，像握着一面镜子，正在欣赏自己的美丽，右肩微微下沉，右手柔和地向前下方指着，上身已经完全赤裸，她本来穿着古希腊人那种由一块整布做成的衣衫，现在已经滑下去，一直滑到了大腿根部，她的双腿还被包着，左腿微微上提，好像要阻止它再往下掉，以免露出令人害羞的部位。

与以前的雕像不一样，这件雕像使观赏者激动的不是美丽，而是性感，堪称古代世界最性感的雕像之一。

古希腊雕刻的绝响

《米洛斯的维纳斯》高约 2 米，创作于公元前 2 世纪后半期，现藏于巴黎卢浮宫。

《米洛斯的维纳斯》的美很难用言语形容，她的双臂缺失，其中左臂已完全没有，右臂还剩下短短一截，但这丝毫没有减少她的美。她的头稍稍偏向左边，上身到臀部以上为止稍稍偏向右边，而她的臀部又微微偏向左边，这样全身就形成了一个"S"形，这种形状在前面《执矛者》和《尼多斯的维纳斯》身上已经看到过了，就是对偶倒列，通过这种方式，雕刻家将女性的曲线美以最完美的方式表达出来。她的衣裙已经掉到了大腿根部，上身纤毫毕现，于是她把左腿稍往前伸，好像要阻止衣裙继续下滑。

神奇的是，这米洛斯的维纳斯虽然半裸，但从她身上看不到半点肉欲，甚至也没有羞怯，有的只是美丽与高贵，是那么超凡脱俗，以至于普通人面对她时只会产生敬仰或者崇拜，而非邪念。

这座雕像是怎么来的呢？1820年时，爱琴海中的米洛斯岛上，当地一个农夫偶然走进一个山洞，在黑暗中感觉脚被绊了一下，一摸觉得有点像人头，于是回家取来火，找人一起挖开沙土一看，竟然是座裸体女人雕像，他就将其抬回了家，当然不是想把她当作艺术品珍藏起来，而是想用她换钱。这座雕像的经历相当复杂，甚至差点引起了一场战争，这里不能一一叙说，总之最后被当时很爱附庸风雅的法国国王路易十八弄到手，藏到了卢浮宫。

后来有些雕刻家觉得这美丽的维纳斯断了胳膊挺可惜的，想给她装上胳膊，他们想了几十个方案，设想她原来应该是个什么样的姿势，手应该怎样放，例如，一手扶着根柱子，一手捏着帕里斯判给她的金苹果，或者一手提着衣裙，另一只手放在老情人战神的肩头等。他们把这些方案一一模拟了一番，但都有一个共同结果：维纳斯不但没有因此增添美，反而变丑了，似乎她只有在这断了胳膊的情形之下才是最美的。

米洛斯的维纳斯当初到底是怎样的，她的胳膊又如何了？我的观点是：那位无名的然而堪称天才的雕刻家本来给他的维纳斯雕上了胳膊，但他看来看去，觉得还不如没有的美，于是勇敢地将她的胳膊卸掉了。2000年后罗丹在雕刻巴尔扎克像时也做过类似的事——他的巴尔扎克雕像没有眼珠。

《米洛斯的维纳斯》诚然美得无与伦比，但她是否毫无瑕疵呢？就审美而言她可以说几乎是完美的，但就雕刻技法而言这尊雕像谈不上有什么创见，只是将前人们的各种优秀技法重复使用一遍而已，她丰润的肌肤、宁静的神情和对偶倒列的姿势都是如此。

所以《米洛斯的维纳斯》就像《拉奥孔》一样，也是古希腊雕像的"天鹅之歌"，从此，希腊的艺术家们，像他们的祖国希腊失去了自由一样，失去了艺术创新。

古典期的绘画

希腊古风期的绘画主要是陶瓶画，到了古典期已经不限于陶瓶画，而是走向了建筑。古典期建筑的中心是神庙建筑。

在这些规模宏大的神庙里，除建筑要宏伟、内外要些堂皇的雕刻来装点外，还需要绘画来装饰，希腊人总在神庙不适于雕刻的墙上画下大幅壁画，于是古典期的希腊就出现了一批出色的画家，擅长绘制大幅壁画。

古希腊的"画圣"

古典期第一个杰出的画家是波利格诺托斯。他的生平事迹已经失传，可以肯定的是他最擅长画那些巨幅壁画，在当时很有名，被称为"画圣"。他在德尔斐的阿波罗神庙大殿上绘了两幅鸿篇巨制，一幅叫《地狱的奥德赛》，另一幅叫《特洛伊城的陷落》，据说每幅画上都有多达80个人物，每个都与真人一样大。

可惜的是这两幅画早已经消失，波利格诺托斯也没有任何原作甚至复制品传世，但有一幅陶瓶画传世，它被认为受到了波利格诺托斯深刻的影响，有其作品的神韵。

这是一幅红绘式陶瓶画，创作于公元前 440 年左右，高约 50 厘米。在它上面共画了五个人物，中间一个是五人的中心。他侧身朝右对着观众，坐在一块石头样的东西上，左手操着一具古希腊人弹的小竖琴，右手正拨弄着它。他的头轻轻仰着，双眼微闭，弹得如醉如痴。

他的背后是两个年轻人，一个披着领袍子，不过除此之外什么也没穿，又因为袍子披在后背，他的身体各器官实际上袒露无遗。他双手抄在胸前，头微微侧倾，闭着双眼，听得心醉神迷。他的左边也是个年轻人，也许是他的弟弟，这人右手握着根长棍子，将头放在哥哥肩上，也听得出神。

弹琴者前面同样是个年轻人，与背后那个人一样的装束，他面对着弹琴者，一只脚踏在石头下的一个小突起上，左手叉着腰，右手也握着根棍子，扛在肩上，双眼看着弹琴者，同样听得入了迷。他后面则是个长胡子的人，装束也与其他人不一样，全身包裹在袍子里，可能不是希腊人。他双手缩在胸前的袍摆里，头也朝向弹琴者，但脸上的神情并不高兴，他的右脚已经转过去，像是要走。

中间这个弹琴者就是俄耳甫斯，传说中最了不起的乐手，他的琴声能令凡人甚至鬼神都欢喜大笑或者伤心大哭。他正弹琴给这四人听，也许是这四人闻声而来。

从这幅画上可以看到什么样的艺术之美呢？第一是惊人的静态美。虽然这些人都应该是运动的，但他们好像已经凝固了，成为美丽无比的雕像。不妨这样想象：当俄耳甫斯弹琴弹得全神贯注、他的听众也听得心醉神迷时，他们仿佛被施了定身术般凝固在那里，正巧这时，伟大的波利格诺托斯来了，见到这种情形，将之画成了一幅美妙无比的壁画。后来一个高明的陶瓶艺术家将这幅画临摹到了他的陶瓶上。

这幅画上第二个了不起的地方是人物性格的刻画，仿佛可以从每个人的眼睛里看到他们的内心世界、他们不同的性格和不同的反应方式。更令人惊奇的是，他们的反应方式大体是一致的，都是对音乐的入迷，但可以从他们身上看到微妙的入迷程度的不同。

一场竞赛

波利格诺托斯是古典前期的人，到古典后期希腊出现了两个著名的画家——宙克西斯和帕拉西斯。

他们是同时代人，帕拉西斯出生于埃非索斯，宙克西斯出生于赫拉克莱亚，他们互相认识，像两颗星星在希腊的画坛交相辉映。但俗话说一山难容二虎，他们是朋友，也是对手。据说，他们曾有过一场有趣的竞赛。帕拉西斯画了一串葡萄，挂在赛场，结果一只鸟儿以为是真的葡萄，扑过来伸嘴就啄，引得观众惊叹不已。这时宙克西斯来了，他胳膊夹了幅画，却用块布包了起来，帕拉西斯想看他的画，但宙克西斯不肯，于是帕拉西斯想自己揭开那块布，却揭不下。原来宙克西斯就画了块布。

不管这场比赛的真假如何，但有一点是真的，就是他们两人都很注意一点：要把作品画得"像真的一样"，这也是古希腊绘画遵循的最基本的规则。

不断进步

到了公元前 3 世纪，亚历山大大帝已经去世，他的事迹与威名仍在希腊人中广为流传，于是就出现了许多描述亚历山大大帝事迹的绘画作品，其中最有名的一幅叫《伊苏斯之战》。

伊苏斯之战前面述说过，它是亚历山大大帝灭亡波斯帝国的第一场大战。画面上，魁伟的亚历山大大帝连头盔都不戴，挺起长矛刺向一名波斯将军,眼看这名波斯将军就要被杀,这时另一名波斯将军扑过来救他,企图让他乱跳的马镇定下来。与亚历山大大帝同样高大的大流士却马头向后,准备逃之夭夭,不过他还是向后伸出一只手,徒然想把垂死的将军扯过来。只是这时他隔得太远了,只能表达对部下的不舍。在他的右边,他所乘战车的驭者疯狂地抽打着马,要它快跑,马也听从了他的命令,狂奔的铁蹄踢倒了一个士兵,这个士兵是个勇敢的战士,但他已无力再战,他的脸反映在镜子般光亮的盾牌上。

这幅画给人三点感受:一是精彩,二是古朴,三是很难想象这是2000多年前的作品。

为什么说它很精彩?因为它不但尺寸大,整体效果也非常好,一看就令人感受到战争的恐怖以及那令人激情澎湃的英雄主义,局部也画得非常细致传神。例如那快要没命的武士所骑的栗色马,在那样的混乱之中画家还画了一缕光线照着它的后臀。更令人赞叹的是他还把光线造成的马臀的阴影投在它的足上。这匹马与大流士的黑马比起来体形要小一些,这是因为大流士的马更靠前,这就是对前面讲过的透视缩形的运用。

还有,这幅巨大的画并不是油画或者水粉画甚至陶瓶画之类,而是一幅镶嵌画,它是用一些十分小的各色石片镶嵌而成的。很难想象,这要多少块石片,花多少工夫才能镶起来!第二幅极具代表性的画是一幅壁画。它于1977年被发现于马其顿共和国维吉纳的一座古马其顿王陵。

这幅画已经相当模糊,但仔细点仍看得见一个头发胡子凌乱的老人捧着一个裸体姑娘,大概是表现冥王哈迪斯抢夺美女普西芬妮的故事。

这幅画给人印象最深的是人物的表情。尽管画面损毁严重,但仍可以看到当冥王抱起美丽的少女时，他的表情是多么恐怖，这恐怖从他身上的每一个部分表现出来：从他乱七八糟的头发、睁大的眼睛、半张的嘴巴，甚至从他抱着姑娘、放在姑娘身上的手上都可以看出来。

这说明这幅画不但有了形体，而且有了精神、有了灵魂，这样的作品只有具有真正艺术天才的艺术家才能创造出来。2000多年后鲁本斯也画了一幅相似的作品《劫夺吕西普的女儿们》，虽然鲁本斯的画色彩丰富，但就精气神而言，这构图简单的无名画师的作品似乎更强一点。

到这里，古希腊人就艺术手法已经取得很大的进步，如雕像上的对偶倒列、绘画上的透视法都得以出现并运用，但还有一个地方可以更进一步，就是艺术的内容。

到此为止，古希腊人的艺术，包括绘画与雕刻，内容可分为三大块：一是神话人物，如《大埃阿斯与阿喀琉斯玩游戏》《赫尔墨斯与小酒神》；二是猛男与美女，如《掷铁饼者》《米洛斯的维纳斯》；三是历史人物，如《伊苏斯之战》中的亚历山大大帝，甚至于有些无名的普通人，在艺术家的手里也有了不平常的美感，如那古风期的木版画《聊天的妇女》、尤泰米德斯的《三个醉汉》就是这样。

这样的艺术缺少两样东西：一是对普通大众甚至社会底层人物的描绘。二是对大自然的描述，如动物、植物或者风光。

现在来看三幅画，它们分别弥补了古希腊艺术内容的这两个缺陷。

首先是一幅镶嵌画《街头音乐家》，作者是皮雷科斯，他有个外号叫"零星杂物画家"，由这个绰号就可以知道他的画的内容。

画面上有4个人物，最右边的个子很小，穿着破旧的衣服，头上扎着一条布带，腰间也捆着一大卷布作腰带，赤着脚，无法分清是男是女，只见他（她）双手举着个盘子样的乐器正在拍打。他（她）的左边有个男人，个子一样很矮，衣服也一样破旧，下面围着块布作为裙子，弓着腰、弯着膝，正在跳舞。他的脸上是那种强装出来的笑容，看了让人心酸。在他们的后面还有一对母子，母亲头上挽着髻子，嘴里叼着根像旱烟斗的东西，有点像中国过去的地主婆。她的后面是个小孩，正畏畏缩缩地躲在母亲背后。

这幅画的技巧相当高超，无论透视技术还是光的处理都与2000年后的西班牙画家牟里罗的作品有异曲同工之妙。

第二幅画画的是4只喝水的鸽子。作者名叫苏索斯，号称"古代最伟大的镶嵌画家"。在这幅画里有一只银色的盆子，盆沿上站着4只小鸽子，最左边的一只似乎喝够了水，掉转了头看外面世界，往右也是一只喝饱了的鸽子，正抬起头来，漫不经心地瞧着什么，再往右则是一只正喝水的鸽子，把小嘴扎进水里，伸长脖子喝得正起劲。那水也被它这一吻惊起了层层波纹。最右边的一只鸽子最清闲，它缩起腿，趴在盆沿，转过头用嘴梳理自己漂亮的尾巴上的羽毛。

这幅画给人一个鲜明的感觉就是安静。无论是悠闲自在的鸽子还是泛起浅浅涟漪的水，或者安若泰山的盆子，无不给人以安静的感觉。

第三幅画描绘的既不是人也不是动物，而是自然风光。

只见在这幅画里有一座形状奇特的巨大山岩，中间有一个洞，洞外是蔚蓝的大海，大海上还有一艘扬帆的船。天空也是蔚蓝的，只是比大海的颜色稍浅一点。如果仔细看，在那洞口前还有一队人，他们正在走，不知要走向何方。

这幅画的名字应该叫《走向阴间》，描绘了奥德修斯带着自己的同伴们正走向冥界，那个洞口就是通向冥界的大门。

关于这幅画要说的只有一点：它已经是一幅不折不扣的风景画了，在画中人只是风景的陪衬，就技法而言与现在的风景画并无二致，就内容而言，它终于完成了绘画所应该包含的东西。

至此，古希腊的雕刻家与画家们终于从形式到内容完成了他们的创造，西方后来的艺术家们也可以在这个坚实的基础上更进一步——虽然他们很难做得比古希腊的艺术家们更好。

第十四章

神庙与卫城

雕刻与绘画之外，建筑也是古希腊艺术的重要形式。

古希腊人最重要的建筑是神庙。

古希腊有许多神，比如神王宙斯、天后赫拉、智慧之神雅典娜、爱与美之女神阿佛洛狄忒等。古希腊人对这些神很崇拜，修建了大量神庙来祭拜他们。古希腊人为自己的每个神都建造了不同的庙，加上每座城市都有它自己的一套神庙系统，例如，雅典城的宙斯神庙就是雅典人用来祭拜宙斯的。如果奥林匹斯人要祭拜宙斯，那就得自己修建宙斯神庙，于是古希腊的神庙就格外多起来。

同时，古希腊人拜神不是在庙里面拜，而是在庙外面拜，至于神庙内部，一般人是不准进去的。

神庙的结构

古希腊神庙的整体形象是这样的：

神庙建在地基之上，地基由石头堆成，一般分为三级，就像三级台阶一样，神庙就居于最高一级台阶之上，由一排或两排大石柱围绕着，显得既坚实又美观。

古希腊神庙不是一开始就这样的，而是有一个漫长的发展过程，大致可以分成五个阶段：

第一个阶段是最初的原始神庙，只有一间屋子，并且是间小草屋，墙是泥的、顶是茅草的。神庙有一扇小门，里面搁着一尊小小的神像，所谓的神像也只是把一根木头或者石片稍稍雕琢了几下。

第二个阶段，也许是为了让管神庙的人进去给神像掸掸灰尘前有个给自己抖雨水的地方，就在前面开了个小门廊。这个小门廊被称作前殿，而里面放神像的大房间则被称作正殿。

第三个阶段，由于古希腊人对美的认识进一步发展，认为美就是对称，于是他们在神庙后面又加了一个门廊，与前面的一模一样，叫后殿。不过这后殿只是建来与前殿对称的，并没什么实际作用。

第四个阶段，经过若干个世代后，希腊人对自己的神庙又感到不满，觉得应该更加好看一点。于是把神庙建造得更雄伟，并且给神庙造门廊，门廊两侧又加上了柱子。

第五个阶段，这时希腊人的要求变得更高，于是把他们的神庙建得更大，加上了更多柱子，不但前后都有，甚至四周都加上了。那些最富有的城邦不但给神庙围上了柱子，甚至围了两层。至此，神庙的大致结构就稳定下来了：它们建筑宏伟，外面绕着一排或两排立柱。

神庙的建筑式样大致确定之后，希腊人便开始将注意力集中到修饰上，他们深深知道，对神庙而言，最重要的其实并不是柱子的多少，而在于它是否美丽，更具体地说在于神庙之中的神像以及装饰神庙的雕刻是否出色。所以，即便希腊人最富有、最强大的城邦——雅典最大的神庙并不是双层柱子，但它依旧是整个古希腊最了不起的神庙，因为它有着全希腊最气派的神像和最精美的装饰。

古希腊神庙结构中最大的特色是外面那些绕柱，它们也是区别不同类型神庙的主要标志。这些绕柱主要有三种形式：多利亚式、伊奥尼亚式、科林斯式。

多利亚式柱子的总体特征是下部略粗、上部略细，给人以朴素而粗壮有力的印象。

说它朴素，是因为柱子除了有一排条纹外没有任何其他装饰，甚至连基座也没有，直接立在台阶上，顶部托着屋顶的地方也只是一块石头。说它粗壮，是因为柱子高度大约只有底部直径的四到六倍，就像一个膀大腰圆的人一样，看上去比较粗壮。

这样的柱子不是用一块大石头凿成的，而是用一截截单独的中间有孔的石块垒起来的，垒好后再用一根铜或木棍将它们从上到下串起来，好增强稳定性。

有人会问，那这样垒起来的柱子牢固吗？这尽管放心，古希腊人的手艺高明得很，就是中间不用棍子也会很牢固，现在都可以看到，在那些千年之前的神庙废墟里，屋顶墙壁可能都没了，但那些柱子依旧挺立。

奥林匹亚的宙斯神庙有着最壮观的多利亚式绕柱。神庙长超过60米，宽近30米，环绕它的柱子就是典型的多利亚式柱子，这些柱子高达10米，下面的直径有2米多，上面也差不多有2米，每根柱子上面有20条凹槽。

伊奥尼亚是古代希腊化了的小亚细亚地区，伊奥尼亚式柱子就起源于这个地区。较之多利亚式，伊奥尼亚式柱子整体看上去要细长一些，上面的凹槽也要多一些。如果说多利亚式柱子像个粗壮的汉子，那伊奥尼亚式柱子就像个苗条的女郎。不过它最大的特点是不再朴素，而是相当华丽,顶上和底座都有了漂亮的装饰。

以弗所的阿尔忒弥斯神庙的伊奥尼亚式柱子最为有名,号称"世界七大奇观"之一。神庙规模异常庞大,有100多根柱子绕着它,连帕特农神庙都只有50根,可以想象神庙有多大!

科林斯式柱子是最晚出现的一种,它的特色主要表现在柱头上,其柱头比较长,像一口倒扣着的钟,上面有略显古怪的装饰,因此它也是三种绕柱中最复杂的一种。虽然这种绕柱用得也不少,但似乎没有很著名的神庙用它。

神庙的雕刻

古希腊的神庙之所以了不起,除了它宏大的结构以及围绕着它的美丽柱子,还有一个重要因素就是精美的雕刻。

古希腊的神庙主要有三个地方需要用浮雕装饰,即山墙、排挡间饰与中楣。

山墙是个钝角三角形,位于屋顶前下方,一般呈等腰钝角三角形,非常显眼,如何在这种形状比较特殊的空间里进行雕刻是个大问题,但聪明的希腊人巧妙地解决了它,科孚的阿尔忒弥斯神庙山墙,就很好地印证了这一点。

先从中间看起。阿尔忒弥斯神庙山墙中间顶角下面是一个吓人的妖怪。只见她圆睁双眼,脸虽然正对着我们,但双手双脚又是侧面对着我们,它们前后张开,小小的腿似乎正在拼命地跑,她就是女妖美杜莎,她的每根头发都是一条毒蛇。在她的左边有一个站立的男人,右边有一匹长着翅膀的马,像要把前蹄搭到她的肩上。他们是美杜莎的两个儿子。雕刻描绘的就是美杜莎被帕修斯杀死的情形,他杀死美杜莎、割下她的头后,美杜莎的两个儿子便从母亲的脖子里跳了出来。

再往两边还可以看到两只怪兽，一左一右地趴在美杜莎两个儿子的两边，好像要保护这两个刚出娘胎的孩子一样。它们位于三角形两边的中间。

最边上的两个锐角面积最狭窄，但也不能空着，先是有一个人正在杀另一个坐着的人，最左边的最狭窄的角上还有一个人躺着，双手抱在胸前，显然已经死去。右边有一个人正在舞动着什么，把另一个人打得单腿跪下，还有一个人躺在最右边的狭角，也像死了。两个角所描绘的也是两个故事，左边是特洛伊陷落的故事，坐着的人便是特洛伊王普里阿摩斯；右边则是讲宙斯与巨人族战斗的故事，那巨人一族是由天父乌拉诺斯的血化成的，他们来向宙斯寻仇，被新神王宙斯打败。

从上面可以看出山墙浮雕的艺术特点，主要就是相当巧妙地利用空间的变化去雕刻人物，并且让人物顺着空间的变化而改变姿势与大小。如中间的美杜莎是站着的，普里阿摩斯王是坐着的，最边上的人则是躺着的，他们的身体也由大至小改变着。这种如何巧妙地利用有限空间进行最有效的创作是所有这些装饰性浮雕面对的主要难题，也因此成了体现希腊人聪明才智的契机。

排档间饰是长方形的，位于两根柱子顶部的中间，由于形状规则，因而雕刻起来不是难事。其中有名的一个位于奥林匹亚的宙斯神庙，雕刻描绘了赫拉克勒斯驯服克里特岛上的神牛的故事。画面上一头牛与一个人正在进行殊死搏斗。只见人面朝我们，右手紧紧地抓住牛尾巴，左手已经没有，他高仰起头，身上每块肌肉都显出惊人的力量，他后面的牛看上去也力大无穷，高举牛尾，后蹄着地，两条前蹄奋起，又弯过头来，要用角狠狠地将这个胆敢惹它的家伙撞个人仰马翻。

这幅排档间饰使人最难忘的是它的力度，我们从赫拉克勒斯和牛身体的每一个部分都可以看出惊人的力，这力仿佛是火山的岩浆，随时准备喷射出来。

中楣是个长条，有的长达几十米，但宽度不过一两米，要在这样的地方美且和谐地雕刻自然要难一些，至少雕刻的东西要多得多，最了不起的中楣装饰位于著名的雅典卫城。

不得不说，无论是建筑还是装饰，雅典卫城都是古希腊所有神庙中最著名、最了不起的，值得专门介绍。

雅典卫城的整体结构

现在的雅典卫城已经只剩下了废墟，从前完整的雅典卫城大体可以分成四个部分：

第一部分就是进入卫城时必经的大门。这是一扇很气派的大门，挺立着多利亚式的大柱，还有许多精美的雕刻。

第二部分是奈基神庙，祀奉胜利女神奈基。

第三部分是伊克瑞翁神庙，用来献给传说中的古希腊英雄，也是古雅典国王伊克瑞透斯。

第四部分即帕特农神庙，献给雅典的保护神、智慧女神雅典娜。

雅典人修筑这四个部分时，没有破坏山的本来形态，而是依据地形自然的起伏来修筑，四座大建筑错落有致地分布在整个山头之上，与自然环境十分和谐。

走进雅典卫城时先看到的是奈基和伊克瑞翁神庙，再往上走，到了地势最高处，才能看到规模最大、最重要的帕特农神庙，它像一个君主居高临下地俯瞰着卫城和整个雅典。

在古希腊语里"帕特农"是贞女的意思，帕特农神庙意思就是贞女之神庙，这就是说雅典娜不是一般的女神，而是贞洁的女神。为什么有这个称呼呢？这是因为传说中的大部分古希腊的神经常四处留情，因此，他们对那些贞洁的女神怀有更深切的敬意，而雅典娜便是所有女神中最贞洁的一个，于是雅典人便用"帕特农"这个名字表达对这位贞洁的女神的特殊敬意。

帕特农神庙是单排绕柱式建筑，它的建筑外围只有一排柱子环绕，地基长约70米，宽约30米，大体上是多利亚式建筑，但也有伊奥尼亚风格的东西。它的绕柱是多利亚式的，前后各8根，左右各17根，直径近2米，高超过10米，这在多利亚式的柱子里是比较细长的一种。

帕特农神庙的内部是这样的：它的长等于古希腊的100尺，所以又叫"百步殿"，左右两边各有两排与墙壁平行的柱子，西侧是一个放祭神用器皿的房间，由一些贞洁的女士来管理，名叫"贞女室"。

帕特农神庙的建筑特色之一是很少用直线，例如它的地基并不是水平的，中间要高一点，它的正面绕柱除了中间的两根是垂直的，其他都有点向中心倾斜，各柱子的直径及柱子之间的距离也并不完全相等。但这一切不但没有使得整座建筑看起来凌乱不堪，反而更显严整有度：那地基看上去仍是水平的，正面的绕柱看上去也是笔直的，柱子看上去也是一样粗的，柱子之间的距离看上去也是一样长的。

这就是建筑中的"视觉矫正"，它突出地显示了希腊人在他们的智慧达到高峰时，已经不但能尊重自然，而且能超越自然，并在这超越中达到与自然深刻的和谐。

帕特农神庙的装饰艺术

雅典卫城之所以了不起，其原因固然与它的建筑有关，但同样重要的是其装饰艺术的精美，这些装饰艺术作品体现了古希腊艺术的最高水准。它们现在虽然所剩无几，然其残存者的精美绝伦仍使千年之后的现代人惊叹不已，令现代的艺术家们自愧弗如。

卫城的装饰艺术品主要分两种：绘画与雕刻。绘画现已完全消失，所剩的只是"绘画馆"的名字而已。卫城的四个部分都有雕刻，其中帕特农神庙的雕刻，更是整个雅典卫城的雕刻艺术的代表。

帕特农神庙外面三处地方有雕刻：山墙、排档间饰和中楣，最里面还有著名的雅典娜神像。

第一处是山墙。山墙的雕刻中，最中间有两个人，靠左的是高大魁梧的裸体男人，靠右的是穿着传统古希腊服装的女人。女人的右边有一匹马，举起双蹄对着她，像要踹她一蹄子。马后面是一些人，不断地变小，不断地把腰弯下去，最后一个人则干脆躺着。男人的左边也是些类似动作的人，直至躺到狭角里。

这个雕刻描述了雅典娜与海神波塞冬争当雅典城保护神的故事。

与一般神庙的山墙不同的是，帕特农神庙的山墙特别大，至少要20人才能将它填满，要把这20人安排在如此狭小的空间里并让每一个人都显得自然可不容易，但在帕特农神庙的山墙上却做到了这一点，而且做得几乎完美。

只见山墙的人物该站的站，该坐的坐，该大的大，该小的小，无一不自然而合理。从每个雕像看，例如那可怜的河神，虽然它的位置只是山墙的最角落，也最不重要，但他的每一块肌肉都被精雕细琢了出来。

帕特农神庙的排档间饰有近百块，现在留下来的只是南面墙上的几块。在一块排档间饰上可以看到一个披着袍子的人，他面对着我们，双手后仰，他的袍子已经掉到臂弯下。他用左手揪住怪物的头，怪物扬起前蹄，奋力挣扎。由于残破，人和怪物的头都已不见，但从这剩下的躯体上仍可以看到古希腊艺术巅峰期间雕像的艺术特色：这些雕像既符合严格的解剖学要求，具有强烈的自然主义色彩，同时它们所描绘的躯体并不是实实在在的人的躯体，而是一种理想的人的躯体，是力量与美的完美结合。

再说中楣，中楣上的雕刻原本长达近160米，高约1米，现在留下来的也不少，雕刻的就是雅典人最重要的节日"泛雅典娜节"游行的情景。以东面为中心，这里坐着此次游行的主角雅典娜和她的父亲万神之王宙斯，还有其他神灵。神的两边是祭司，再往两边则是人间的头面人物和美丽的贞女。游行从西面开始，这里的人们已万事俱备，只等起程，到了南面和北面，人们已经开始游行，队伍浩浩荡荡向前挺进。

游行队伍的大致路线是：从西面出发分为南北两路，最后会合到东面。在这里终于看到了雅典人的保护神雅典娜，只见这位集贞洁、智慧、美丽与勇敢四美德于一身的女神从容地坐着，仿佛太阳一般闪射光焰。

除雅典娜外，这里还有大量人物、马匹和各式各样的物件，据说人物多达500人，马也超过100匹，如此众多的形象雕刻在相对狭小的中楣上却并不显拥挤。

再看细节，尽管人物非常多，然而每个人的每根头发都不是草草雕刻成的，雕刻家似乎有的是时间，慢条斯理地把数不清的人物一个个细致地雕刻出来，把它们叠加在一起，显出惊人的华丽与解剖学般的精确。

正是在这里，古希腊的建筑艺术达到了它的顶点：将艺术美、自然美与人类的群体美融为一体。

第十五章

何处是宇宙的中心

科学一词在英语里称为"science",本来的意义是整个知识的系统,包括人们对于世界的一切认知,不但包括有关自然万物的知识,也包括有关人类与社会的知识,不但包括物理、化学,而且包括哲学、文学,这些都可以称之为科学。前者是自然科学,后者则是人文与社会科学。这样才是对科学的完整理解,古希腊就是如此。

西方几乎每一门科学都像文学、艺术与哲学等一样起源于古希腊。

在现代科学的所有学科中,古希腊人在数学与天文学两大学科上取得最杰出的成就,这些成就在人类历史上产生了巨大影响,因此下面就以数学与天文学为代表来讲述古希腊人的科学成就。

融为一体的哲学与科学

在古希腊,科学与哲学是不分家的,彼此融为一体,因此大部分哲学家同时又是科学家,如德谟克利特就是如此,他提出了"原子说",认为世间万物均由原子组成,千年后他的学说得到了现代物理学相当程度的证实，甚至有着惊人的准确度。

毕达哥拉斯也是如此，他是伟大的哲学家，但对数字有一种近乎崇拜的喜爱，认为只有数才是和谐的、美好的。他找了各种各样的数，如长方形的数、三角形的数、金字塔形的数等。毕达哥拉斯也是第一个伟大的数学家，发现了"勾股定理"。

前面也说过，古希腊三个最伟大的哲学家是苏格拉底、柏拉图和亚里士多德，特别是后两者，除了是伟大的哲学家，同样也是伟大的科学家。例如柏拉图，在他的"阿卡德米"里教授数学，包括算术、平面几何、立体几何等，甚至还有天文学、声学等课程，其中最重要的当然是数学，他建立的学园"阿卡德米"的大门口刻着"不懂几何的学者不得入内"，由此可知他对数学的重视。

亚里士多德是比柏拉图更伟大的科学家，甚至可以说他主要是一个科学家，其次才是哲学家。因为在亚里士多德的思想中内容最丰富的不是形而上学的玄思而是富于科学精神的观察与研究。

亚里士多德将他的目光投向了整个自然界，把自然界的万千个体当作自己的研究对象，试图从中寻求知识与真理。在他的学园"吕克昂"，教学的主要内容不是"阿卡德米"的数学与政治，而是倾向于生物学、天文学、物理学等自然科学。

据杰出的罗马博物学家、《自然史》作者普林尼记载，亚里士多德手下有大批研究助手，包括抓各种动物的猎人、栽培植物的园艺工人、从海里捕捞各种海洋动物的渔夫，加上其他辅助人员，达上千人之众，分布在从吕克昂、希腊、小亚细亚直到埃及的广大地区。不难想象这些人可以为亚里士多德找到多少花鸟虫鱼、飞禽走兽，亚里士多德凭这些东西建立起了古代世界第一座大型动物园和植物园，他的许多伟大发现也是从这些动植物身上得来的。

亚里士多德的著作中许多是有关自然科学的，如《物理学》《论天》《论生成和消灭》《论宇宙》《天像学》《论记忆》《论睡眠》《论梦》《论呼吸》《论颜色》《动物志》《动物的进展》《论植物》《论声音的奇异》《机械学》《论不可分割的线》等。从它们的名字就可以看出，其研究领域包括天文学、气象学、动物学、植物学、生理学、声学、机械学、数学、物理学等。这些学科中的一大部分实际上就是由亚里士多德本人创立的，如动物学、植物学、物理学、生理学等。

关于亚里士多德的自然科学思想，在前面介绍他的哲学思想时已经讲过不少，例如他认为地球是宇宙的中心，还提出了万物的第一推动思想等。

亚里士多德之后，古希腊文学、艺术与哲学趋向衰落，科学却不尽然，仍得到了相当大的发展，但这个时期的中心不再是雅典，而是埃及的亚历山大城。

亚历山大城位于埃及北部、濒临地中海，一度是古代西方最富庶文明的地方。在这里活跃着许多伟大的科学家，如物理学家阿基米德、数学家欧几里得、解剖学家希罗菲卢斯等，正是经由他们的努力，从公元前3世纪到公元前2世纪左右，古希腊的科学进入了另一个高峰期。

这一时期之后，西方历史进入了古罗马时期。不过古罗马的科学同它的文学与艺术一样，大体是希腊人的翻版，而且不及其伟大。古罗马的科学著作是用拉丁语写成的，这个时期著名的科学家有卢克莱修，他的《物性论》既是杰出的哲学著作，也是出色的科学著作。还有普林尼，他的《自然史》是古罗马最重要的科学著作之一，天文、地理、农业、医学等无所不包，最丰富的是生物学知识，整个第七卷到第十九卷都是介绍各种动植物的。动物中有各种哺乳动物、爬行动物、水生动物、鸟类等，也包括人类这种高级动物。植物的内容同样广泛，甚至还谈到了各种矿物。

自然科学有六大基础学科：天文学、地学、生物学、数学、物理学、化学。在这六大基础学科中天文学是第一个发展起来的。

古希腊第一位哲学家是泰勒斯，他认为世界的本原是水。泰勒斯不仅是哲学家，还是天文学家，甚至称得上是古希腊第一位天文学家。他从埃及和美索不达米亚学到了许多科学知识，尤其精通天文学。最著名的传说是，他曾利用自己的天文学知识制止过一场战争。

那时小亚细亚的美地亚人和吕底亚人之间爆发战争，一直持续了五年还没有平息。泰勒斯看到老百姓受尽战争之苦，决心用他的天文学知识来让双方罢手。

一天，他跑过去告诉双方，神反对他们的战争，将会在某天暂时夺走太阳以惩罚他们。果真，到了那天白天，太阳突然慢慢从天空消失，大地顿时像黑夜一样。这吓坏了的吕底亚人和美地亚人，他们立即化干戈为玉帛，好让神不要永远夺走他们的太阳。泰勒斯之所以能这样"通神"，就是利用了自己的天文学知识，预知在那一天将会发生日食。

泰勒斯之后，古希腊天文学发展相当快，涌现了一批杰出的天文学家，他们也是哲学家，并且像有自己的哲学观念一样有独特的天文学理论，如毕达哥拉斯、赫拉克利特、柏拉图、亚里士多德等，无不如此。特别是毕达哥拉斯，他在天文学与数学上都有很大贡献。例如，他发现大地是球形的，理由之一是如果在大海上眺望远方驶来的船只，一定会先看到它的桅杆。这个方法直到现在都是证明地球是球体的最简便的办法。

当然，影响最大的还是亚里士多德的天文学思想，这在前面已经讲过，这里便不再赘述。

原始的"日心说"

古希腊天文学最重要的内容是"日心说"与"地心说"。

在天文学诞生之后，人类面对的第一个大的天文学问题就是哪个是宇宙的中心，是地球还是太阳？关于这两个观念的争论很早以前就开始了，并成了古希腊天文学思想的主要脉络。

先来看"日心说"。

顾名思义，"日心说"就是认为太阳是宇宙中心的学说，它认为太阳是整个宇宙的中心，太阳之外的一切天体包括地球都在环绕太阳旋转。

第一个提出"日心说"的是阿里斯塔库斯。

阿里斯塔库斯生于爱琴海上的萨摩斯岛，与毕达哥拉斯是同乡。关于他的其他情况现在所知极少，只知道他大约活动于公元前3世纪，曾因为提出"日心说"而被控罪。他认为太阳是宇宙的中心，它寂然不动，地球绕太阳运转，同时地球还在绕自己的轴旋转。地球每年绕太阳转一圈，同时每天又绕自己的轴转一圈，这就是"年"与"天"产生的原因。据说他一生写过许多书，但现在只有一篇短文流传下来。他的思想主要保存在别人的著作里，特别是伟大的数学家和物理学家阿基米德的一本讲数学的小册子《沙粒的计算》里。

阿里斯塔库斯还是第一个认真测量太阳、地球与月亮三者之间相对距离的人，测量的方法是用角距。例如他设想月亮在上弦、下弦时，太阳、月亮、地球之间应当形成一个直角三角形，因此只要再测量出另一个角就能测量出三者之间的相对距离，也就是距离之间的比值。他测量出地球与太阳及月亮之间的角距是87°，这样就算出了太阳与地球之间的距离是月亮与地球间距离的约20倍。他还用相似的方法测量了三者的体积，得出的结果是太阳的直径是地球的 7 倍，体积是地球的 350 倍。虽然这些结果都很不准确，但也应该看到阿里斯塔库斯这个方法所基于的理论是正确的，结果不正确只是因为当时还没有必需的测量仪器使他能够得到可靠的测量数据而已。

阿里斯塔库斯的"日心说"虽然比"地心说"要正确得多，但当时根本没有得到承认，相反得到承认的是与他的理论截然不同的"地心说"。其原因十分简单："日心说"与站在地球上的人所看到的直观景象不符。

古希腊天文学的主体

古希腊天文学的主体内容是"地心说"。

与"日心说"相对，"地心说"就是认为地球是宇宙中心的学说。它认为地球是静止的，太阳、月亮、行星等都在绕地球转动，而且转动的轨道是正圆且匀速的。

"地心说"在古代很长一段时间里牢牢统治着西方人的思想，被认为是理所当然的。

"地心说"的提出者与倡导者不止一个，主要有三个著名人物：欧多克索斯、喜帕恰斯、托勒密。

欧多克索斯大约活动于公元前 4 世纪上半叶，他出生于小亚细亚的尼多斯，有时又称他为尼多斯的欧多克索斯，除他外，古希腊还有另一个基齐库斯的欧多克索斯，是一个著名的探险家。

据说，欧多克索斯家里并不富有，本来上不起学，一位有钱的医生看他天资聪颖，就给了他一笔钱，使他能就学于柏拉图的学园。他是柏拉图的亲传弟子，学到了当时最先进的哲学与数学知识。后又游学埃及，从那里获得了丰富的天文学知识。他曾办过一所学校，后来弃教从政，成为雅典的立法官，受到全希腊的尊敬。

欧多克索斯是古希腊最伟大的数学家和天文学家之一，在两个领域都取得了辉煌的成就。

首先，他可能是最先发明计算日地与月地真实距离方法的人，只是数据和阿里斯塔库斯的相对距离一样不准确。

其次，他最有名的成就是设计了一个模型，用来解释天体运行的规律。在这个模型里有27个球，太阳和月亮各3个，五大行星各4个，恒星1个，地球居于所有这些球体的中心，但它是静止的，不算作一个球。要注意的是，这27个球可不是一个个并列的球，它们全部共用一个球心。

这些球都环绕地球旋转，但每层都既有自己的旋转轴，也有自己的旋转方向。这样一来，根据不同的需要将旋转轴调整到不同的位置，就能够对当时人们所了解的许多天象进行比较合理的解释。

欧多克索斯之后是喜帕恰斯。

喜帕恰斯是小亚细亚的尼西亚人，即现在土耳其的伊兹密尔港。一般认为他生于公元前190年左右，死于公元前125年左右。喜帕恰斯曾长期在罗德岛上进行天文观测并且取得了丰硕的成果。他还不止一次地去过埃及亚历山大港，那里已经成了希腊世界科学研究的新中心。

据说，喜帕恰斯曾写过14本著作，现在只有一本完整地流传下来。不过他的许多思想都记录在了托勒密的著作里。托勒密的名著《天文学大成》里有许多内容都来自喜帕恰斯，并以喜帕恰斯的观测作为立论的基础。

喜帕恰斯对天文学有多方面的贡献。他发现了岁差，制作了一张包含近千颗恒星的星表，表上相当精确地确定了诸星的位置与亮度。他还找到了求日地距离与月地距离的新方法，等等，称得上是古希腊除托勒密之外最伟大的天文学家。

喜帕恰斯最重要的思想也是"地心说"。

他前面的欧多克索斯曾经制作了一个"地心说"模型，那个模型虽然能够说明一些现象，但缺点也很明显。例如，依据那个模型，天上的行星只能进不能退，更不能停住不动，然而实际上很容易观测到行星并不是这样子的。因此这个"地心说"模型要改进，喜帕恰斯就提供了一个改进了的模型。

这个模型的首要特点是有了"本轮"与"均轮"，它们将成为以后"地心说"的基石。

喜帕恰斯认为，天体在绕地球旋转时，并不仅仅作一种圆周运动，而是有两种：一种是环绕地球的圆周运动，这个运动的轨迹叫"均轮"，均轮的核心当然是地球。除此之外，天体还有另一种运动——本轮运动。这就是说，天体并非只绕地球进行圆周运动，还绕一个小得多的圈子进行圆周运动，这个圈子就是本轮，其圆心的轨迹就是均轮。

还有一点要强调的是，虽然地球处于均轮的核心，但并不位于圆周的圆心，而是有点偏离圆心。这样一来，当行星、太阳、月亮等运动时，由于有了本轮与均轮两种运动，就一下产生了许多复杂的运动现象，原来解释不清的行星的各种运行现象就大多能够得到相对合理的解释。

最伟大的天文学家

托勒密是古代西方最伟大的天文学家，也是最伟大的科学家之一，他在科学界的地位犹如亚里士多德在哲学界的地位，在漫长的千年岁月里无人能与之比肩。

虽然托勒密在西方科学界的地位如此之高，但现在对于他的生平所知甚少，甚至不能确定他是什么地方人。有的说他可能出生于埃及的托勒密城，也有人说他生于锡贝德，唯独可以肯定的是他是埃及人，科学活动主要在埃及的亚历山大城进行。他的出生与逝世年份同样不详，一个可能的数字是，生于公元 100 年，逝世于公元 170 年。唯一可以断定的是他活跃于公元 2 世纪上半叶，因为在他的基本著作《天文学大成》里记载了他的天文观测记录，最早的一次是公元 127 年，最晚的一次是公元 141 年，并且是在亚历山大城完成的。

托勒密是一个多产的科学家，仅仅流传到现在的学术著作就有 14 卷。其中最有名的是《天文学大成》《地理学》《光学》，尤其是前两者，在千年岁月里都是西方人的"科学《圣经》"。

《天文学大成》既是古代西方最伟大的天文学著作之一，也是最伟大的科学著作之一。

《天文学大成》有两个主要特色：一是用数学来解释天文学现象，并力图为众天文学现象建立一个数学模型，使这些现象可以通过这个模型得到明晰的了解与解释；二是论述清楚、逻辑严密，在语言文字上也是不可多得的珍品。

《天文学大成》全书共分 13 卷，第一、二卷是绪论。第一卷主要论述了他对天地的总的观念以及他所运用的数学方法，基本观点是地球是宇宙的中心。第二卷是一些基本定义和基础理论，还包括一张表格，根据这个表格就能够计算某天在某纬度上白昼的长短。第三卷阐述了太阳的不规则运动和一年的长度。第四卷论述月亮的运动和每个月的长度，这里包括了他自己的一些重要发现。第五卷有他对太阳、地球和月亮面积的估算，还讨论了有关的天文仪器，如天球仪、象限仪等。第六卷论述了日食、月食的计算方法。第七、八两卷是恒星目录，记录了 1000 多颗恒星在天球上的经纬度、亮度等。第九卷直至结束都是介绍有关行星运动的理论。

这些思想中最重要的是"地心说"。

先看一下这张图，它形象地说明了托勒密的"地心说"：

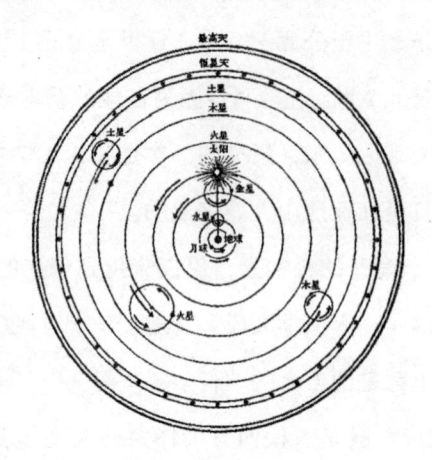

托勒密的"地心说"与前面喜帕恰斯的"地心说"有相似之处，但又大大得到了改进，要点如下：

1. 地球位于宇宙中心并且静止不动。

2. 每颗行星都在本轮上匀速运动，本轮的圆心在均轮上运动。月亮则在一个特别小的本轮上运动，看上去只是一个点。太阳直接在均轮上运动。地球不在各个均轮中心，而是偏离了中心的某点。

3. 水星与金星的本轮中心位于地球与太阳的连线上，本轮中心一年绕地球运行一圈，其轨迹就是均轮。火星、木星、土星在运行时，与其本轮中心之间的连线总平行于地球与太阳间的连线，它们每年绕其本轮中心运行一周。

4. 所有恒星都居于"恒星天"。这个恒星天像屋顶、蛋壳或者皮球，是一个固态的壳体，恒星都牢牢地粘在这层壳上。这个"恒星天"是天体运动的总动力，它每天要绕行地球一圈。不但如此，它还会带动所有的其他天体如太阳、月亮、行星等每天也绕地球一圈，也就是太阳、月亮和星星每天的东升西落。

这就是托勒密的"地心说"的几个要点，现在看起来虽然有点儿荒唐，但如果仔细考量，就会发现它的优越之处，它几乎能够解释所有人们用肉眼可看到的天文现象，一些本来用喜帕恰斯的"地心说"难以解释的现象经此也可以得到解释了，如行星的逆行与顺行等，所以托勒密的"地心说"长期流行是可以理解的。

第十六章

从欧几里得到阿基米德

从前文的分析中可以看到,虽然古希腊的天文学对西方历史产生了很大影响,但其主体理论"地心说"是错误的,这是一个很大的遗憾。

而数学就不一样了,古希腊不但在数学上取得了巨大成就,而且这些成就大多是科学合理的,直到今天都是人类数学知识的主体内容之一。

前文介绍过的许多伟大哲学家和天文学家,如泰勒斯、毕达哥拉斯、柏拉图、亚里士多德、欧多克索斯、喜帕恰斯、托勒密等,他们也是数学家,甚至是了不起的大数学家。

对于数学而言,比上述这些人更重要而卓越的人物有两个——欧几里得和阿基米德。

欧几里得是伟大的建筑师

欧几里得在古代数学史上享有无与伦比的大名,以至到现在数学几何都被分成两大部分:欧氏几何与非欧几何,其中欧氏几何就是欧几里得几何，它囊括了平时所称的几乎所有几何内容。

关于欧几里得的生平所知很少。只知道他大概是希腊人，早年曾在雅典求学，活跃期是公元前300年左右，主要生活在埃及的亚历山大城，是一名数学教师，主要教授几何学。

除了这些，史上还流传着他的几则趣闻逸事。

有一次托勒密王问欧几里得，除了《几何原本》还有没有其他学习几何学的捷径。欧几里得回答说："几何无王者之道。"意思就是在几何学里没有一条专供国王学习与轻松掌握的道路，学好几何学唯一的途径就是和大家一样努力学习。这句话后来以"求知无坦途"的形式流传下来，成为西方的千古箴言。

又有一次，欧几里得的一个才入门的学生问他学习几何学有什么好处。欧几里得立即叫人给他三个钱币，说："他想从学习中获取实利呢！"这句话的意思就是追求知识的目的不应该是获取钱财之类的实利，而应当是追求知识本身。

还有，欧氏几何的名字可能会让人产生误会，认为里面的公理定律都是欧几里得发现的，当然不是。实际上由他亲自发现的并不多，他与其说是一个伟大的发现者，不如说是一位伟大的收藏家：他大量搜集别人发现的几何学理论，加以融会贯通，然后分门别类地整理，使之明确化、系统化。而在他的这种系统化之前，几何学是零散的，没有完整的体系，甚至于没有所有理论都必须以之为基础的公理。这样一来，几何学就像一栋基础不牢的屋子一样摇摇欲坠，甚至像一堆没有建成屋子的砖头、水泥、木料之类。欧几里得来了之后，经过一番辛勤劳动，将这些砖瓦、水泥、木料等建成了一幢漂亮的房子。因此，即使他并没有自己烧一块砖、买一包水泥、砍一根木料，这栋房子也将以其命名。

欧几里得为几何学建成的"房子"叫《几何原本》，简称《原本》，是整个古希腊数学的总结，也是千年以来几何学甚至整个数学的范本。

《几何原本》最早的本子早已失传，现在看到的都是后来的各种修订本或译本。很早以前，古希腊就有人对《几何原本》做过修订、整理和注释，从而出现了不止一种本子，其中最著名的是塞翁做的，他为《几何原本》做了详细全面的校订与注释，并且有所补充。后来这个本子成为几乎所有流行本子的基础。但塞翁是约4世纪的人，这时候欧几里得已经去世700多年，所以他的本子的准确性还有待考证。现存最早的本子也许是19世纪在梵蒂冈发现的，它是拿破仑从意大利带回来的无数战利品之一，据科学史家考证，它可能比塞翁读过的本子还要古老。

中世纪从某些方面来说的确是一个黑暗的世纪，例如科学研究，那时大批科学古籍都在欧洲散失了。与此同时，阿拉伯人崛起强大，成为科学文化发达之地，那些阿拉伯学者读到欧几里得的《几何原本》后，深感兴趣，将之译成了阿拉伯文。后来当文艺复兴开始，欧洲人重新重视科学后，就从阿拉伯人那里找回了《几何原本》，将之再译成了当时欧洲的通用学术语言拉丁语。第一个完整的拉丁文本是在12世纪初由英国经院哲学家阿德拉德译出来的。

此后，欧洲人对《几何原本》表现出了莫大的兴趣，等到谷腾堡发明西方活字印刷术，印刷品流行后，印刷得最多的作品之一就是《几何原本》。据说到19世纪末，用各种版本印刷的《几何原本》达1000余种。

一部纯科学的作品能够得到这么多读者的垂爱，一方面说明了《几何原本》之妙，另一方面也说明了欧洲人很爱科学，这也正是他们日后强大的根本原因。

除了几乎所有西方语种都有译本，《几何原本》作为人类历史上最重要的科学经典之一，世界上各大语种几乎都有它的译本，例如，中国早在元朝时就有了它的译本或者节译本，第一个完整的译本出现于17世纪初，由著名的意大利来华传教士利玛窦与中国古代最伟大的科学家之一徐光启合译。

还有一点很有趣的是"几何"这词的译法，这是西词汉译里少有的音译与汉译俱到位的例子。几何的拉丁文是"geometria"，徐光启与利玛窦据之译为"几何"，是最前面两个音节的音译。同时，"几何"在汉语里又是多少之意，如"姑娘青春几何"，就是"姑娘你多少岁啦"之意，这"多少"同时不言而喻也是所有数字乃至数学最基本的含意。这样音译与意译就完美地结合起来。

《几何原本》共分13卷，第一卷又分为两节，第一节中首先给出了23个定义，例如，什么是点与直线，什么是平面、直角、垂直、锐角、钝角等，这是几何学的最基本元素，对于这些元素，欧几里得没有用到任何公理与公设，因为它们甚至是比公理与公设更为基本的东西。

欧几里得给出的几个基本定义：点是没有部分的东西，没有体积也没有面积或者长度等，总之是一个抽象的点。线则是单纯的长度，没有宽度，它是由无数点无曲折地排列而成的。

给出定义之后，欧几里得提出了他著名的5个公设。

什么是公设，它与公理有什么不同？这是一个问题。一般认为所谓公理即自然之理，它不仅存在于数学之中，也存在于不懂数学的普通人所具备的常识之中，而公设则只存在于所要分析的学科之中，例如几何学的公设只存在于几何学之中，物理学的公设则只存在于物理学之中。

欧几里得共为几何学提出了5个公设：

1.给定两点，可连接一线段。

2.线段可无限延长。

3. 给定中心和圆上一点，可作一个圆。

4. 所有直角彼此相等。

5. 如一直线与两直线相交，且在同侧所交的两个内角之和小于两个直角，则这两直线无限延长后必定在该侧相交。

这里要注意的是第 2 条公设，这个线段实际上是我们所讲的直线。

5 条公设里最不平凡的是第 5 条，它后来被称为平行公设或第 5 公设，有各种各样的表达形式，总之是说明什么情况下两直线平行与不平行。其最简明的表达法：经过直线外一点，只能做一条直线与已知直线平行。

这第 5 公设明显比前面 4 条公设复杂不少，欧几里得在这里也没有证明，也许是他认为无须证明，也许是他不能证明。后来人们觉得这个公设应该证明，于是力图用前面的 4 条公设来证明第 5 公设，但都归于失败。于是有人干脆否定了它，其结果就是非欧几何。

在 5 条公设之后欧几里得又提出了 5 个公理：

1. 与同一个东西相等的东西，彼此相等。

2. 等量加等量，总量仍相等。

3. 等量减等量，余量仍相等。

4. 彼此重合的东西相等。

5. 整体大于部分。

这是比前面的 5 条公设更为简单的东西，是真正放之天下而皆准的"公理"。

在 5 条公理之后，欧几里得开始进一步提出命题，在第一卷里他共提出了 48 个命题，其中有据说是第一个哲学家泰勒斯发现的定理：如果两个三角形的两边及其夹角分别相等，那么这两个三角形全等，这是其中的第 4 个命题。

第 5 个命题则是：等腰三角形两底角相等，两底角的外角也相等。由于在这里涉及了 5 个角，还有好多条线段与直线，因此在中世纪时有些学生学起来很麻烦，老师教了很久也不明白。于是它便有了一个绰号"驴桥"。因为驴子怕过桥，尤其是当桥稍微有点窄或者不稳时，就赖着不走了。这里"驴桥"喻指笨蛋的难关：这命题虽然有一丁点不好懂，但只有笨蛋才怕它，视它为真正的难关。

第 47 个命题就是"勾股定理"，不过表面形式不同于现在的勾股定理，它是这样的："在直角三角形斜边上的正方形面积等于直角边上两正方形面积之和。"写成数学公式仍是：$a^2+b^2=c^2$。第 48 个也就是第一卷最后一个命题则是勾股定理的逆定理。

第一卷是整部《几何原本》的基础，此后的诸卷就是以之为基础来论证的，其表达之清晰与论述之明白、逻辑之谨严也是整部《几何原本》的典范。有这样一个故事：据说英国著名的经验主义哲学家霍布斯有天偶然翻开《几何原本》，随便看了几页，看到欧几里得的证明，觉得太不对劲，怎么能够得出这样的结论呢？于是，他开始由后往前翻，看看这些证明的基础是什么，当他翻到最后时，终于彻底信服了！《几何原本》论证之严密由此可见一斑。

第二卷比较短，只有 14 个命题。讲的是长方形的剖分，实际上是用几何的方式来讲代数，是"几何代数学"。例如一个数就用一条有长度的线段来表示，两个数的乘积就说是长方形的面积，其两边分别是这两个数。

第三卷和第四卷主要是与圆有关的内容，第三卷包括圆、弦、圆的切线与割线、圆心角与圆周角，第四卷讨论了给定一个圆之后如何只用直尺和圆规作它的内接和外切正多边形的问题。这些内容，尤其是第三卷，就是中学平面几何中所要学习的内容。

第五卷是有名的一卷，在这里欧几里得对欧多克索斯的比例理论作了十分精彩的解释与论证，被视为西方数学史上罕有的杰作。关于它还有一个故事：一个名叫布尔查诺的牧师兼业余数学家在布拉格治病，浑身难受之时，他顺手抄起了正在手边的一本《几何原本》，正好翻到第五卷，他读了欧几里得对欧多克索斯比例理论精彩解说后，大感痛快，病一下子好了！后来他一生病就读这个第五卷，书到病除，屡试不爽。

第六卷也与第五卷相关，主要是应用欧多克索斯的比例理论来讲各种相似的几何图形及其面积。

第七、八、九三卷讨论的都是同一类问题，即数论。前面已经讲过数论，知道它们虽然通常只与正整数相关，看上去比较简单，然而实际上内里却复杂无比。例如，哥德巴赫猜想到现在也未能证明。这三卷共有约100个命题。第七卷介绍了求一个或多个整数的最大公因子的办法，现在它被称为"欧几里得算法"。第八卷有连比例及相关的几何级数。什么是连比例呢？就是下面形式的比例：a∶b=b∶c=c∶d，如果这样的比例成立，则 a、b、c、d 构成了几何级数。例如 8∶4=4∶2=2∶1 就是连比例和几何级数。在第九卷中，欧几里得提出了许多有关数论的重要定理，例如"任何大于1的整数都能按（实质上）唯一的方式表示成一些素数之积"。并且证明了素数有无穷个。

第十卷是最难懂、篇幅也最长的一卷，约占全书篇幅的1/4，包含的命题多达115个，论述有关无理量的问题。无理量就是那些不可能精确测量的量，例如直角边长为1的等腰直角三角形的斜边长。这是一个无理数，即$\sqrt{2}$。这卷中第一个命题就是："给定大小两个量，从大量中减去它的一大半，再从剩下的量中减去一大半，如此至于无穷，必会使得所余的量小于所给的任何量。"这就是著名的"穷竭法"。只要稍微一想就可以发现它里面已经包括了无穷小的概念，小于所给的任何量当然就是无限之小。更远地说，这个无限之小里面已经隐约有了微积分中的极限概念。

《几何原本》的最后三卷，即第十一、十二和十三卷都是有关立体几何的。第十一卷讲空间中的平面、直线、垂直、平行、相交等关系，以及多面角、平行六面体、棱锥、棱柱、圆锥、圆柱、球等比较复杂的立体图形的体积计算等问题，特点之一就是通篇都用到了前面的平行公设。这一卷共有 39 个命题。

第十二卷则是对"穷竭法"的具体运用。"穷竭法"在这里就是指某一个图形，例如圆，被另一个图形，例如其内接正多边形，逐步"穷竭"，也就是慢慢地填满。此时这个正多边形的面积也就会越来越接近于圆的面积。这是"穷竭法"最经典的运用。

最后一卷，第十三卷讲的是有关正多面体的问题。

《几何原本》是西方数学史上第一部经典，从这里可以发现所有数学经典的影子，它就像一座标尺一样竖立在数学家们的眼前，像灯塔一样指引着他们的数学发现与探索之路。

充满传奇的阿基米德

欧几里得之后，古希腊第二位伟大的数学家是阿基米德。

阿基米德是史上最伟大的数学家之一，早在古罗马时期，著名的自然学者普林尼就称阿基米德为"数学之神"。有人认为他的地位甚至要高于牛顿，就像一位叫 E.T. 贝尔的数学史家所言，任何一张列出有史以来最伟大的数学家的名单中，必定会包括阿基米德，另外两个通常是牛顿和高斯，不过若就他们的影响之于当代及后世的深远程度来说，三人之中最伟大者当推阿基米德。

与古希腊其他数学家甚至名人相比，现在对阿基米德的生平事迹要了解得多。例如，古罗马史学家李维和普卢塔克都对他的生平有所记录，特别是12世纪的历史学家策策斯明确地说："智者阿基米德是叙拉古人，著名的机械制造师，终生研究几何，活到75岁。"

但关于阿基米德的生平仍有许多不明确之处。首先是他的出生日期。一般说法认为他出生于公元前287年，父亲叫斐迪亚斯，与那位伟大的雕刻家名字相似，是一位天文学家，因此阿基米德可谓家学渊源。他是叙拉古人则无可置疑。叙拉古位于意大利半岛之南的西西里岛上，是西西里岛的主要大城，曾与迦太基人的统帅汉尼拔同盟反对罗马人。它虽然位于意大利，但仍然属于希腊城邦，那里与意大利南部一度统称大希腊。

据说早年，可能是公元前265年左右，阿基米德曾去埃及的亚历山大城学习，前面说过欧几里得就在那里当数学教师。只是阿基米德到那里时欧几里得已经去世，阿基米德的老师是欧几里得的弟子，因此他是欧几里得的再传弟子。

在亚历山大城，除学习当时最先进的科学知识外，阿基米德的另一个重大收获是结交了许多好朋友，如萨摩斯的科伦、多西修斯、厄拉多塞等，他们后来都成了数学家，即使在离开亚历山大城后，阿基米德仍经常与他们通信，他的作品大多是以与他们通信的形式发表的。

阿基米德家族在叙拉古有相当高的社会地位，他与当时的叙拉古王希伦二世可能是亲戚，至少是朋友，两人来往十分密切。

在叙拉古，阿基米德全心全意地从事科学研究。他所做的事很多，归结起来有两大类，第一类是科学发明，第二类是科学研究。他发明的东西很多，大多非常实用，甚至发挥了重要作用。例如，他发明了"阿基米德螺旋泵"，这种泵能够将船舱中的水排出去，现在还被广泛用于污水处理。它最大的特色是能够将水排出去的同时不会因为水中有杂质而阻塞。他还制造了许多天文仪器，有星球仪，也有能够演示太阳、行星、月亮等运动的仪器装置，后来这些仪器还被带到了罗马。不过阿基米德发明得最多的还是武器，当罗马人向叙拉古发动进攻时，阿基米德发明了许多十分厉害的守城武器，把罗马士兵打得落花流水。

阿基米德虽然凭着他许多了不起的发明在城邦中赢得了声誉与尊敬，但他自己并不重视这些，认为那些不过是雕虫小技，不值得夸耀，更不值得为之著书记录。故此，这些发明多半只是后人的传说，不像他的科学理论那样有自己写专著加以介绍。但由于这些传说彼此差别不大，可以相信大部分是真实的。

与阿基米德生平相关的具体事迹主要有三件：一是"我发现了"，二是"给我一个支点，我就可以移动整个地球"，三是叙拉古保卫战。

有一次，阿基米德的朋友或者亲戚叙拉古王希伦二世决定建造一个华贵的神龛，在里面装上一顶纯金的王冠，作为感谢神恩的祭品。他找了一个金匠，把黄金交给他，请他打造王冠。金匠拿到黄金后，如期打好了王冠，交给国王。国王看到王冠打造得精致美丽，十分高兴，打算好好奖赏打造它的匠人。可这时，有知道内情的人来告密说，金匠在打造金冠时偷了一部分金子，而将等重的银子掺进了王冠的内里。

国王一听，十分愤怒，但金匠矢口否认，国王又不能将已打造好的金冠拆开。怎么办呢？他想到了阿基米德，于是将他找来，问能不能找个两全其美的办法：既能判定里头有没有掺银子，又不拆开做好的金冠。

阿基米德一时被难住了，说要先回去想想。从此这个难题充满了他整个的脑袋，令他日思夜想，但始终不得其解。

一天，阿基米德去公共澡堂洗澡。在古代西方，公共澡堂是人们的生活重心之一。在澡堂里，阿基米德边洗澡边想着金冠的事。这时他正躺在浴池里，水因为他身体的沉浮不断高低起伏，排出池外。突然，阿基米德不由得醍醐灌顶、恍然大悟。只见他兴奋地蹦出池子，窜出浴室，口里大嚷道："Eureka! Eureka!"意思是："我找着啦！我找着啦！"

据说这样喊着时，他衣服都没穿，就这样赤条条地往家里冲去。

阿基米德找着了什么呢？当然是找着了如何判定金冠有没有掺假的妙招。他的想法是这样的：同等体积下金子比银子重；同等重量下，金子的体积则比银子的体积小。现在金冠里头如果杂有银子的话，那么它的体积肯定比同等重量的纯金大。这时如果将金冠放到水里，它排出的水的体积肯定比一堆同等重量的纯金放到水里排出的水的体积大。反之，如果没有掺杂银子，二者排出去的水的体积就会一样大。难题就这样迎刃而解了。

阿基米德的发现就是物理学里面的"阿基米德原理"，即浮力定理。

第二件事是一句豪言壮语："给我一个支点，我就可以移动整个地球！"

乍听以为阿基米德在吹牛，其实不然。大家都知道杠杆的原理，它可以用小小的力撬起很大的东西。如果有一个可靠的支点而且杠杆也足够长的话，它能够撬起的东西在理论上来说是可以无限重的。

杠杆原理正是阿基米德发现的，他把这个发现告诉了希伦二世，并且说杠杆能够轻松地撬起任何重量的物体，如果给他合适的支点与足够长的杠杆，他连地球都撬得起！希伦二世对他的话将信将疑。为了证明自己所言非虚，阿基米德便要国王从他的船队中选了一艘有三根桅杆的大货船，据说是国王为埃及的托勒密王特意打造的，体积巨大，下水时几乎动员了所有的叙拉古男子来拖它。现在阿基米德在安装好了他的一组滑轮后，竟然能够由他一个人就轻而易举地将大船拉上岸，国王试了也能拖得动。顿时觉得自己成了大力士的国王高兴极了，大声向臣民们宣布:"以后凡是阿基米德的话我们都要信。"

是不是真的有了一根足够长的杠杆之后,我们就能够撬起地球呢?当然不是。有人计算过,如果要用60千克力来举起质量约达$6×1024$千克的地球,哪怕只举高1/10000毫米,所需的杠杆长度将达1013千米以上。即使以百米冲刺的速度一天不停地冲刺24小时,也要花30000年以上才能跑完这段距离。

阿基米德生平的最后一个事迹是用自己的科学天才保卫家乡叙拉古,抵抗罗马人。

当时,罗马人开始在地中海扩张,首当其冲的就是紧靠意大利本土的西西里岛,公元前213年终于爆发了大战,这就是叙拉古保卫战。

罗马人的目的是毁灭叙拉古,面对祖国的生死存亡,阿基米德立即行动起来,参加了战斗。

70多岁高龄的阿基米德虽不能亲自披铠甲上战场,但他起的作用远比普通士兵大。

罗马人的统帅是马塞卢斯,他率军从海陆两地向叙拉古发起猛攻。

叙拉古人的实力远不如罗马人,但他们仍奋起抵抗。有钱的出钱,有力的出力,有脑子的出脑子。阿基米德属于第三种。他用自己的天才大脑设计了许多十分厉害的守城武器。例如,他发明了一种类似于现代起重机的防城武器,它从城墙上伸出去,把罗马人的战舰抓起来,吊得高高的,再狠狠地摔下去,摔得粉碎。为了对抗这"起重机",罗马人想出了一个好办法:他们将两艘大战舰锁在一起,这样就吊不动了。但阿基米德早有准备,又发明了一种抛石机,能够将巨大的石头抛出很远。当罗马人的连锁战舰攻过来时,叙拉古城里突然飞出来一阵石雨,巨大的石头将罗马人的战舰打得千疮百孔、七零八落。阿基米德后来甚至发明了一种巨大的反光镜,能够用现在的放大镜一样将太阳光聚焦,再反射到罗马人的战舰上,让它们起火燃烧。

如此一来,罗马人怎么能够打破城池呢?罗马士兵简直成了惊弓之鸟,一走近叙拉古的城墙就害怕,害怕里边会突然冒出来什么厉害武器。据说,他们只要看到城里扔出来哪怕是一根绳子,也会吓得抱头鼠窜,惊呼:"阿基米德又来了!"在普卢塔克所著的《马塞卢斯传》中记载,毫无办法的马塞卢斯嘲笑他那些无用的工程师说:"我们还能同这个懂几何的'百手巨人'打下去吗?他轻松地坐在海边,把我们的船只像掷钱币似的抛来抛去,舰队被弄得一塌糊涂,还射出那么多的飞弹,比神话里的百手妖怪还厉害。"

后来,罗马人终于想出了一个妙计:只围不攻。将叙拉古城从海上与陆上重重包围。

要知道叙拉古只是一座孤城,里面粮草甚至饮水都有限,在罗马人的围困之下不久便难以支撑,城内开始人心思变。后来有一个叙拉古人叛变了,城门被打开,罗马人蜂拥入城,叙拉古城终于失陷。这时已经是公元前212年左右。

城破之后,阿基米德被杀。关于他的死有不下10种说法。例如,当罗马人冲入他的宅子时,他说:"请让我做完这个试验!"但罗马士兵没有听他,一剑砍下了他的脑袋。或者是当罗马人攻上来时,他正在海边的沙滩上沉思数学,他在地上画了些公式与图形,一个罗马士兵向他冲来,要他走开,但阿基米德拒绝了,罗马士兵毫不客气地一剑砍下了他的脑袋……

也许是有史以来最伟大的数学家

作为伟大的数学家,阿基米德留下的数学著作不下10种,大部分是希腊文手稿，也有拉丁文译稿。现在的标准本是《阿基米德全集，包括阿基米德的〈方法〉》。其中《方法》是新发现的珍贵手稿。1906年，一位丹麦哲学教授在土耳其的古都伊斯坦布尔发现了一卷录有基督教经文的古老羊皮纸，觉得有些不对劲，经过处理发现了此前写在上面的《方法》。

在《方法》里，阿基米德着重阐述了如何求图形的面积与体积的问题。具体的做法是先将它们分成许许多多小量，再用另一组微小量与之形成比较，使之形成某种相似与平衡，再用求后一组微小量——它通常比前一组容易求——方法来计算前面所欲求的面积或者体积。这种方法颇像现在的微积分中求积分时所用的求曲边形面积的方法，也是先将之分成许多小长方形，然后计算其面积之和。因此，阿基米德的《方法》中实际上已经包含了微积分特别是积分的思想。这比牛顿或者莱布尼茨发明微积分要早上 2000 多年！此外，在另一部著作《论劈锥曲面体与球体》里，当讨论如何确定由圆、椭圆、抛物线、双曲线等绕其中轴旋转而形成的几何体的体积时，阿基米德也同样采用了类似于积分的方法。

阿基米德的第二部重要著作是《论球与圆柱》。

《论球与圆柱》共分成两卷，主要结论有两个：一是证明任何球体的表面积是其大圆面积的 4 倍，用现代的公式表述就是 $S=4\pi r^2$。还有，球体的体积是其外切圆柱体体积的 $\frac{2}{3}$，这样可以得出球体的体积公式是 $V=\frac{4}{3}\pi r^3$。

阿基米德对于后面这个结论十分满意，他甚至留下了指示，要在他的墓碑上画一个这样的球体及其外切圆柱的几何图形作为墓志铭。

阿基米德被罗马人杀死后有没有人来实现他的遗言，给他竖块这样的碑呢？

当然有。对于阿基米德之死，马塞卢斯也深感遗憾，他惩罚了那个竟敢杀死伟大的阿基米德的士兵，又寻来阿基米德的亲属，给予抚恤，并妥善安葬了他，还按照阿基米德的遗言在其坟前竖立了一块这样的墓碑。直到100年后，伟大的罗马演说家与学者西塞罗，还在叙拉古的荒野中找到了这座已经湮没在萋萋荒草丛中的坟墓，上面刻有球和圆柱的墓碑依然在目。

阿基米德的第三部重要著作是《圆的测定》。

这是一本比较薄的书，主要内容是对圆周率 π 的测定。阿基米德算出的值是介于 $3\frac{1}{7}$ 和 $3\frac{10}{71}$ 之间，这是当时最精确的值，被称为"阿基米德圆周率"。阿基米德采用的办法是让圆的内接和外切正多边形的边数不断增加，从而得出了越来越精确的 π 值。这个办法也成为此后千余年里西方数学家们计算圆周率的标准方法。

除了这几部，阿基米德的著作还有许多，包括许多不朽的物理学著作，因为阿基米德不仅是古希腊最重要的数学家，也是最杰出的物理学家，足可以与亚里士多德在物理学上的地位相比，如果单以学术成就而言甚至比亚里士多德更大，足以代表古希腊的物理学思想。

阿基米德在物理学上的贡献几乎与其在数学上的贡献同样卓著，具体贡献主要在力学上。

在古希腊，力学叫 mēkhnē，原意是"巧计"或者"机智"，即如何用巧计与机智来省力的意思。亚里士多德也关注力学，他曾写过一本书，叫《力学问题》，在其中提出过一个问题：如何用一个很小的力来移动一个很重的物体？

阿基米德对这个问题做出了很好的回答，那就是杠杆定律及其数学证明，他是第一个用数学的方法证明了杠杆定律的人。

阿基米德先提出了7条公理，例如，等重重物在等臂处平衡，不同臂时长臂占上风，等重重物后一方附加重物者占上风等。然后得到了结论："可通约的两个重量，若反比于它们到支点的距离，将彼此平衡。"这就是杠杆定律。

这里"可通约"的意思就是，若两个重量分别是 2 与 4，显然这两个数字是可以通约的，即变成 1 与 2，这时，若它们到支点的距离分别是 2 与 1，那么它们在杠杆上将彼此保持平衡。

阿基米德对物理学的第二大贡献是浮力定律。

前面讲阿基米德"我找着啦！我找着啦！"的故事，他找到的就是浮力定律，这里更具体地说明一下。

阿基米德在《论浮体》中证明了好几个相关的命题，例如：

第一条：位于同一水平的相邻粒子互相挤压，受压较少的粒子被受压较多的粒子挤压，个别粒子受液体的垂直挤压。

第二条：任何静止液体的表面都是以地球为心的球面。

第三条：若物与水的比重相等，则物体浸入水中后，不会高于液面。

第四条：若物体比重比水的比重小，则物体只能部分浸入水中。

第五条：用力将比液体轻的物体按入该液体后将受到一个向上的力，其大小等于与该物体同体积的液体超过物体的重量。

这些命题中第一条讲水的特性，可以用想象力去理解它。第二条也容易理解，因为盛在一个碗里的水其实与大洋里的水差不多，受到的都是地心引力，因此都是球面，只是由于大洋大，看得出来是球面，碗则太小，看不出来是球面而已。但要知道大洋之水其实就是无数碗这样的水组成的。最后一条涉及了比重的问题，与证明金冠是否含有银有直接关系。

总之，像是数学之神一样，阿基米德也是古代西方世界的物理学之神，是古希腊向西方文明贡献出的又一巨人。

第十七章

希腊地理

前面我们看到了古希腊人在哲学、文学、艺术与科学上所取得的伟大成就，这些也许会令人产生这样的疑问：为什么希腊人会取得如此伟大的成就，这与他们所处的自然环境有关吗？就像古代埃及人创造了伟大的文明与尼罗河有关一样。还有，希腊的过去如此辉煌，现在又如何了呢？

先来回答第一个问题。要回答这个问题首先要来看看希腊所处的地理环境。

希腊位于欧洲正南部，北面是其巴尔干诸邻国，东面是撒满岛屿的爱琴海，彼岸是亚洲的小亚细亚半岛，南面隔着地中海与非洲遥遥相望，西面过了伊奥尼亚海后就是意大利。

就经纬度而言，希腊大体位于东经$20°—27°$、北纬$35°—42°$之间，总面积13万多平方千米，比中国的安徽省略小。

从地图上看，希腊海岸线十分曲折，岛屿众多。

希腊的陆地边界比较简单，从西到东基本上是一个稍微有点弯的弧形，但是到了东端突然向北拐了一下，然后向东向南拐回来，像往北方邻国打进了一个小楔子。

与希腊接壤的国家有4个，从东到西依次是土耳其、保加利亚、马其顿、阿尔巴尼亚。

地图上一眼可见，希腊的海岸线除东面有一小段不那么弯曲外，其他地方简直弯曲得一塌糊涂，主要是因为半岛太多，最大的有东边的哈尔基季基半岛，它前面又往海中伸出了三个小半岛，就像三个手指头，还有南部著名的伯罗奔尼撒半岛等。这两个半岛面积大且海岸线也都十分曲折。

这样的直接结果是，希腊虽小，大陆海岸线却超过 4000 千米，若加上岛屿，海岸线总长达 15000 多千米。

希腊岛屿众多，超过 2000 个。

希腊东面的爱琴海上，岛屿密密麻麻，一个接着一个，多得让人感觉似乎可以从西岸的希腊起一个岛跳到另一个岛，一直跳到东岸的小亚细亚半岛。这些岛屿虽然位于土耳其与希腊之间的海上，但几乎全部属于希腊，许多岛屿距土耳其的海岸线近在咫尺，但都是希腊领土。

因此就地形而言，希腊全国地形可以分成两大部分：大陆部分和岛屿部分。

多山的陆地与多岛的海洋

希腊的大陆部分实际上是巴尔干半岛的尾端，地形以山地为主，约占希腊 3/4 的国土，主体是品都斯山脉。

品都斯山脉从希腊的西北部与阿尔巴尼亚交界处往西南延伸，纵贯西希腊部，一直到达南部的伯罗奔尼撒半岛，几乎占了希腊大陆部分的一半。它南北长近 300 千米，平均宽约 50 千米，是年轻的褶皱山脉，构成了全国地形的骨架。正由于品都斯山脉如此年轻，是在近期的造山运动中形成的，这种十分剧烈的运动才使得希腊地形如此复杂多样。

从品都斯山脉往东是罗多彼山脉，它位于希腊东北部与保加利亚边界处，东西横亘，山体广阔，山顶既平又圆，比品都斯山脉要古老得多。

在这两座山脉之间有许多"山间盆地"，它们面积都比较小，而且彼此隔绝。但土地肥沃，对于缺少肥沃土地的希腊来说十分宝贵。其中的塞萨洛尼基盆地在品都斯山东面，是全国最大的山间盆地。在它的东北面，高耸的群峰之中，有一座奥林匹斯山，海拔近3000米，是希腊的最高峰，古代希腊人认为它是众神的居所，万神之王宙斯就带着他的神族住在山上。

除了以上两座山脉和那些山间盆地，希腊也有一些平原，主要分布在爱琴海沿岸，狭小而分散，自古就很富饶。

希腊的岛屿可以分成两大部分：一是大陆以西的伊奥尼亚群岛，它位于伊奥尼亚海中。伊奥尼亚海是人们对于希腊西海岸与意大利半岛南部之间那片大海的称呼。伊奥尼亚群岛的众岛屿一般都比较靠近海岸，数目不是很多，沿着大陆从西北往东南伸展。主要大岛有科孚岛和凯法利尼亚岛。伊奥尼亚群岛是地质活跃地区，地震时有发生。

希腊岛屿的第二大部分就是位于爱琴海中的那一大群，它们像繁星一样遍布整个爱琴海，被分成三大群岛，分别是北部的北斯波拉泽斯群岛、西南的基克拉泽斯群岛、东南的佐泽卡尼索斯群岛，此外还有南部巨大的克里特岛。

这些岛屿中有许多是很著名的，例如萨摩斯岛是哲学家毕达哥拉斯的故乡，米诺斯岛上曾经发现过著名的大理石雕像《米洛斯的维纳斯》等。不过最有名的还是东南角上的罗德岛和南面的克里特岛。罗德岛之所以有名，主要是因为它上面曾经有过一座太阳神巨像，它被称为"古代世界七大奇迹"之一，克里特岛则诞生了古希腊文明中最早的克里特文明。

罗德岛

罗德岛位于爱琴海的东南角，面积将近1400平方千米，距希腊本土很远，与土耳其却很近，但它是希腊领土，上面生活的也是地道的希腊人。

很早以前，罗德岛就已闻名地中海。公元前3世纪时它成为海上强国和希腊化世界的文化中心之一，为人类贡献了三样好东西：

一是它的海洋法。作为海岛，罗德岛的航海业十分发达，船多事故就多，加上海盗横行，使罗德岛很早就制定了海洋法以处理相关事宜，比如，船沉了但货没损失由谁来承担、怎样承担等，这是世界上最早的海洋法。后来，当罗德岛成为东罗马帝国的一部分时，帝国在全境推行罗德岛的海洋法，又由于这个海洋法制定得合情合理，得以渐渐在整个西方世界推行起来。

二是它的演讲术学校。演讲与辩论在古希腊十分盛行，尤其在实行民主制的地方，如雅典，一个人要想通过一项法令全靠一张嘴打动公民们，这样就需要精湛的演讲术。因此古希腊有许多专门教演讲术的学校和教师，例如，提出"人是万物的尺度"的古希腊哲学家普罗塔戈拉就是这样的教师。罗德岛上就有这样的演讲术学校，而且十分出名，培养出了一些著名的学生，例如罗马帝国的凯撒和加图，还有古罗马最伟大的哲学家卢克莱修等。

罗德岛对世界的第三大贡献，也是最著名的贡献，是一座雕像。

公元前4世纪初，罗德岛遭到敌人入侵，被围困了整整一年，围困解除后，为了纪念战事，也为了感谢神的帮助，罗德岛人决定制作一座空前庞大的太阳神雕像。作者是罗德岛上一个叫查理的雕塑家。雕像的整体原料为青铜，里面再用铁来加固，用石块来加重。雕像历时 12 年才制成，高度超过 30 米，加上下面同样高耸的底座，巍峨无比。它屹立在罗德岛港湾的入口，双腿前后叉开，左手臂弯里搁着神杖，右手伸向前方，头上戴着像纽约自由女神像那样的冠冕，背后有披风。

雕像竖立 50 多年后，罗德岛发生了大地震，结果雕像被震倒在地上，但并没有粉碎，然而罗德岛人无力再把它立起来，就这样在地上躺了近 1000 年，直到公元 653 年，阿拉伯人占领了罗德岛，由于需要用铜铸造兵器，就把它打碎了收集废铜，据说打下来的铜要用 1000 匹骆驼才能运走。

克里特岛

罗德岛西边是著名的克里特岛。

克里特岛东西长达 260 多千米，南北宽只有 12—56 千米，像一根带枝丫的木棒，面积近 9000 平方千米。在前面讲古希腊的文学与历史时已经说过宙斯诞生在克里特岛上一个山洞里，赫拉克勒斯也曾在这里驯服过一头公牛，还有宙斯同欧罗巴生的儿子米诺斯王建立了极其雄伟的克诺索斯城，在城里令古希腊发明家代达罗斯修建了著名的"迷宫"，用来关他的王后与一头公牛生的儿子——牛头人身的怪物弥诺陶洛斯。这个时期米诺斯王是爱琴海的"海上霸主"，他控制着爱琴海，创造了先进的文化，这段文明从公元前 2000 年左右开始延续了五六百年，史称"克里特文明"。

克里特文明也被称为米诺斯文明，它在许多方面都取得了巨大的成就，例如建筑、绘画、雕刻等。其中最有名的当然是建筑，这个建筑简直同埃及的金字塔一样有名，它就是克诺索斯宫，又叫作"迷宫"。

克里特岛的北边是爱琴海中的经典小岛——圣托里尼。

圣托里尼是一个呈新月形的小岛，面积不到100平方千米，然而它也许是全希腊风光最迷人的地方。

在遥远的古代这里曾经是一个火山活动频繁的地方，在岛的南端现在还有古代火山爆发的遗迹，圣托里尼对面不远处还有另一个小岛——火山岛，那上面全是像被烧焦了的木头似的嶙峋焦黑的火山岩。

岛的北端有伊亚小镇，到处是漆成白色的小屋，错落有致地依山而列，像一排排身着洁白礼宾服的侍者等待游客的光临。每当夕阳西下、晓月初升的时分，古老的村子变得更加宁静。

在圣托里尼的东南面有一个"黑沙滩"，是著名的海水浴场。为什么叫黑沙滩呢？因为这儿的沙粒全是黑色的，漆黑的沙粒与蔚蓝的海水并列，形成了奇特而有趣的对比。

圣托里尼最令人震撼的还是西边的菲拉镇。也许由于古代火山爆发引起的剧烈地震，圣托里尼岛仿佛自海中腾空而起。这样一来就在岛的西岸形成了一道高达300米的悬崖绝壁，菲拉镇就建在这一悬崖之上。从这里极目远眺，爱琴海迷人的景致尽收眼底，偶尔从蓝顶的小教堂传来祈祷的钟声，洗尽尘世烦嚣。

如果从相反的方向，即自海上望镇子，会看到巍巍悬崖上一排排洁白的小房子，令人仿佛觉得它们不是建在人间，而是建在天上！

适宜文化创造的气候

希腊像楔子一样伸进地中海，因此它的气候是典型的地中海气候。什么是地中海气候呢？这种气候可以用两句话说明：夏季炎热干燥，冬季温和多雨。

这个气候的另一个特点是四季不甚分明，一年基本上只有冬夏两季。在夏半年，由于副热带高压的控制，一天到晚晴空万里，烈日炎炎，降水稀少，十分干燥，7月的平均气温为26℃左右。到冬半年时，温暖的西风自海上徐徐吹来，带着大量水汽，因此不但气候温和，而且雨量充沛，1月的平均气温为8℃左右。

在地中海气候下，由于地形的关系，各地之间气候尤其是降水的差距相当大。地中海气候的降水之源是由西风从海上带来的水汽，因此西面靠海迎风的山坡是近水楼台先得月，把很大一部分降水留了下来。这样，越往东去降水也就越少，尤其是大陆内地山坡背风的一面，降水更是稀少。

在希腊，这个迎风靠海的地方就是伊奥尼亚群岛和大陆的伊奥尼亚海沿岸，这里降水最多，直到品都斯山脉西侧，年降水量为1000毫米左右。一到山脉东侧，由于背风离海，降水稀少，年降水量通常不到西侧的一半。特别是雅典一带，由于它的东西两面都有高地阻隔，降水更少，是全希腊下雨最少的地方。

对于文化创造活动来说，希腊的气候是很适宜的，除了夏天有点热，一年中大部分时间阳光明媚，加上靠近海洋，清风拂面。在这样的天气里坐在阳台上聊天或者去户外活动都令人精神舒畅。也许这就是古希腊人爱在大街上谈哲学、辩政治甚至演戏剧的缘故吧！

与气候和降水关系密切的是植被，那些降水多的地方植被自然茂盛，不过这样的地方希腊并不多，因为早在几千年前，这些地方就被开垦出来搞农业，这是希腊文明的物质基础。大片森林只有希腊大陆北面的山区里才有，森林覆盖率约为国土面积的20%。月桂树、橄榄树和橡树是希腊分布最广的树木，前两种是鼎鼎大名的，前者象征胜利，后者象征和平，古希腊如此，现在依然如此。

总的说来，现在希腊的森林和树木都相当少，尤其在经济文化发达的地区。由于几千年以来文明鼎盛，文明的人需要大量木材，用来取暖、做饭或者建筑，这样，经过一代又一代的砍伐，树木根本没有机会长成参天大树。因此除了偏僻的大山深处，希腊大部分地方的山上都是光秃秃的，凌乱的白石间点缀着几棵小树、几丛青草，显得贫瘠而荒凉。

由此，整体而言，希腊的自然条件根本谈不上多么优越，古希腊人为什么竟能取得如此伟大的成就呢？

古希腊之所以取得如此伟大的人文成就，与其自然地理环境有着十分密切的联系。

希腊是多山的，其间有一些比较肥沃的山间盆地，而且彼此之间交通不便。然而希腊大部分地区的土地都是贫瘠的。

这造成了两个后果：一是由于多山，导致希腊虽然一度文明鼎盛，但始终未能形成统一的帝国。这就造成了一个奇特的现象，虽然希腊人在漫长的历史时期里十分强大，然而这种强大主要是文化与经济上的发达，并未表现在政治与军事上。即使在他们打败波斯人之后也没有顺理成章地展开对失败者的征服，而是回到自己的国家，专注于自己城邦的建设或者城邦之间的内斗。

二是前文说过，希腊半岛并不是块肥沃的宝地，相反，它到处是石头山，大部分土地很贫瘠，同时古代希腊人又有很强的生殖能力，为了更好地生存下去，希腊人只好将目光瞄准了辽阔的大海，大批希腊人被迫去海外谋生。

由于希腊半岛深深扎入大海，海岸线漫长，这极大方便了希腊人去海外谋生。

这种去海外谋生的直接后果是，在环地中海的许多地方，例如，小亚细亚半岛西部、意大利、高卢南部（今天的法国南部），都出现了许多希腊城邦。这些海外城邦仍与母邦密切联系，大量贸易活动得以进行，这就大大促进了航海业的发展。另一方面，这些海外城邦同本土城邦之间并不总是亲睦的，经常发生摩擦甚至战争，特洛伊战争就是这样发生的。

此外，地中海周围有着人类两个最古老的文明——古埃及文明与古巴比伦文明，因此，古代希腊人得以方便地经由地中海汲取两大文明的精华，进而缔造自己的文明。例如希腊人的语言形成过程就是：古巴比伦楔形文字→腓尼基语→古希腊语。

由上可见，濒临地中海这个自然地理因素乃是希腊人得以创造他们光辉灿烂的古代文明的基本前提。

雅典

希腊以雅典为中心和基本点大致可以分成四部分：

第一部分是雅典及其周围的古希腊遗迹。

第二部分是北方区，包括雅典往北的整个希腊地区，共有五个景点，从北往南第一个景点是希腊的第二大城萨洛尼卡，第二个是奥林匹斯山，第三是温泉关，第四个是德尔斐的阿波罗神庙，最后一个是雅典稍北的马拉松。

第三部分是伯罗奔尼撒半岛。伯罗奔尼撒半岛虽然不大，但古迹可不少，而且大多是我们耳熟能详的，如科林斯、迈锡尼、奥林匹亚、斯巴达等。

第四部分是希腊诸岛，这些岛中许多都是举世闻名的休闲旅游胜地，不但景致优美，古迹也非常多，主要有三个：罗德岛、克里特岛和桑托林尼。

雅典位于希腊南部阿提卡半岛上一个干燥的山间盆地里，南距爱琴海的法利鲁湾不到10千米，雅典附属的海港比雷埃夫斯港就在湾内，它也是希腊最主要的港口。

经纬度上，雅典居于北纬 38°线和东经 24°线的交叉点附近。

雅典是比较典型的地中海气候，冬天温和多雨，很少霜冻，但偶尔会下雪，1月的平均气温9℃，最低气温约0℃。夏季炎热干燥，7月平均气温28℃，最高气温约37℃。年平均气温18℃。年降水量400毫米左右，集中在冬季，夏季基本无雨。

雅典的夏季虽炎热，但由于大海近在咫尺，无论白天还是黑夜，都有凉爽的海风吹来，特别是到了夜晚，没有了炙烤大地的太阳，清凉的海风徐徐而来，沁人心脾。因此，雅典人一天的生活从晚上8点开始。这时大街上人流熙熙攘攘，大家听音乐、聊天、喝酒，一直活动到很晚。

这种适宜户外活动的气候对希腊人和希腊文明的影响是十分强烈的。在古希腊，演剧都是在露天剧场进行的，公民大会也是在露天的城市广场举行的，艺术家们的作品——主要是大理石雕像——也大多摆在露天供人们欣赏，连哲学家们的辩论也都是在通街大道上进行的。

雅典的城市分成两大部分：一是雅典市区，二是比雷埃夫斯港。雅典市区人口近百万，与比雷埃夫斯结合起来称为"大雅典"，面积约430平方千米，人口约占全国人口的1/4。

雅典周围依傍着四座小山，分别是伊米托斯山、帕尔尼斯山、艾加莱奥斯山和彭特利库山，从这些山上望过去，雅典显得有些荒凉。不过这是一种深藏美的荒凉，当你仰望那些掩映在丛林或者高耸于山顶的废墟时，就会被这荒凉之美征服。

雅典市区有两条小河，西边一条叫基菲索斯河，一年有半年只是涓涓细流。东边一条叫伊利索斯河，经常连水都没有。它们把雅典市区大体划分成三块。雅典主要的建筑与名胜是中间那块，位于两条小河之间。

雅典有一个天然的市中心，那就是雅典卫城，卫城的意思是说它可以拱卫雅典。因为它建于一座小山之上，居高临下，俯瞰雅典，是雅典城独一无二的战略制高点。

这座小山的名字叫阿克罗波利斯山。

从文化方面而言，阿克罗波利斯山是全世界独一无二的宝山，它有两个突出的优点：

一是山虽小，四周却是悬崖峭壁，高150多米，耸立在周围的平地之上，只有一条小路可以通达山顶，只要守住了它，敌人就极难攻上山去，真是一夫当山，万夫莫开。

二是这小山不但高耸，它的顶竟然还是平的！这样就有另一个好处——上面好建房子。雅典人正是利用了这个长处，在上面建成了举世无双的雅典卫城。

雅典卫城位于前面说过的两条小河之间，它的北面，阿克罗波利斯山坡下不远，集中了雅典几乎所有重要建筑，例如宪法广场，与它相邻的是老王宫，现在是国会大厦。

距老王宫不远，有一条赫罗底斯·阿提库斯街，19世纪末在那里建起了一座新王宫，现在是总统府。

阿提库斯街通向泛雅典娜体育场。这可是一个庞然大物，足足能容纳7万人观看比赛，它是由一位希腊裔百万富翁捐资兴建的，就建在千年之前希腊人曾在那里举行各种竞赛的旧址。

1896年，在这个体育场召开了第一届现代奥林匹克运动会。

不过奥运会的祖祠并不在这里，而在后面将要介绍的奥林匹亚。

距体育场不远，沿着帕尼匹斯蒂米奥大街，雅典科学院、希腊国家图书馆、雅典大学三足鼎立，尤其是雅典大学，它是用采自彭特利库山的大理石建造的，有许多美丽的柱廊，上面还有镀金的精美雕刻。

雅典市政厅、希腊民族博物馆、国家考古博物馆与它们比邻而立。

上面这一大群令人肃然起敬的建筑同雅典卫城一起构成了雅典的中心区，也是全希腊的中心区。

过了这个中心区，就是雅典的商业区和居民区，这里与别的城市没多少不同，鳞次栉比的高楼大厦中间夹杂着贫民的小屋。

作为国际旅游大都市，雅典的交通建设相当不错，有铁路贯通全国各地。海上交通就更发达了，希腊拥有世界上最庞大的船队之一，设备一流的比雷埃夫斯港可以通向全世界。

雅典是世界最重要的空港之一，亚非欧三大洲的许多航线都经由这里，把这里当成主要中转站。

雅典卫城可以说是整个古希腊也是整个西方世界的第一名胜古迹。

很早以前，阿克罗波利斯山上就有神庙与卫城，公元前480年波斯人第二次侵入希腊时，将它彻底捣毁，顽强的雅典人决定重建卫城，并且要将它建得比原来更大、更辉煌壮丽，好让全世界都看到雅典的光荣。

此时的雅典之所以能够成功地进行修建卫城这样浩大的工程，多亏他们伟大的领袖伯里克利，正是他领导雅典进入了黄金时代。他是一位虽出身贵族，但热衷于民主政治的人，他有两样杰出的本事：演讲与知人。出色的演讲使他能在民主政治下凭口才将雅典公民团结在他的旗帜下，听他发号施令，出钱出力建筑雅典卫城；杰出的知人本领使他可以为如此庞大的工程找到最合适的负责人。他找到了建筑设计师伊克底鲁和雕刻家菲狄亚斯。这两个人是当时最了不起的建筑师与雕刻家，尤其是菲狄亚斯，被称为古希腊最伟大的雕刻家。

有了伊克底鲁和菲狄亚斯，要建成雅典卫城还得有一样东西——建筑材料。这好办，因为雅典有彭特利库山，山上就有极好的大理石。

上述三样找全后,雅典人开始了他们伟大的建筑工程,可以想象这个工程花费的时间与金钱是非常庞大的。花费多少无从得知,建设时间据说长达42年,从公元前448年开始直至公元前406年才基本竣工。

雅典卫城建好后,不仅雅典人引以为豪,它也成了全希腊人的骄傲;不但成了祭拜神灵的地方,也成了雅典人的生活与政治中心。每天络绎不绝的人像一条河往卫城流去,有的来向智慧的雅典娜致敬,有的来谈情说爱,更多的只是来看看,并且骄傲一番。

每年雅典人都要在卫城举行大量公共活动,其中最重要的是每9年才举行一次的"泛雅典娜节"。

泛雅典娜节是雅典人最重要的节日,到了这一天,雅典人倾城而出,来到卫城,举行各式各样的庆祝活动。最有名的活动有两项是两样:一项是运动会,这是雅典人的全运会,全雅典最健壮的男人都来参加,有赛跑、铁饼、标枪、打拳、赛马等项目,获得胜利的人虽然只得到一个桂树枝编的圈套在头上,但这却是至高的荣誉。

另一项是向全体雅典人的保护神雅典娜献祭。这也是泛雅典娜节最重要的活动,是节日的高潮。这天,全体雅典人都聚集在帕特农神庙大门外的广场上,他们的祭品并不昂贵,只是一件由雅典全体童女共同绣制的橘黄色长袍,但它象征着全雅典人对他们的保护神的纯洁的爱。

即使在雅典已经失去独立、雅典人已经沦为亡国奴的日子里,泛雅典娜节仍在举行着,直到公元3世纪才最后中止,前后延续700年之久。

雅典卫城如此壮观,但它的命运却是悲惨的,屡遭劫难。

第一次是公元前404年,雅典最终被斯巴达人击败,斯巴达人摧毁了保护雅典的长城,雅典卫城也第一次遭到损害,不过斯巴达人并非没教养的野蛮人,所以损害不算严重。

后来统治雅典的马其顿人和罗马人都是希腊文明的崇拜者，他们都没有破坏卫城。

第一次对卫城造成较大破坏的是希腊日渐众多的基督徒。公元500年左右，他们将帕特农神庙改成了基督教堂。

又过了千余年，15世纪，奥斯曼土耳其帝国占领了希腊，奉安拉为唯一神的穆斯林们又将神庙改建成清真寺。

此时虽然内部那些伟大的雕像与壁画全没了，但雅典卫城的建筑本身并没有遭到很大破坏，甚至相当完好。

17世纪时，雅典卫城遭受了第一次整体性的大破坏。这一年，威尼斯人与土耳其人开战，威尼斯雇佣军在一个叫柯尼希斯马克的人的统领下包围了雅典，困守危城的土耳其人看到帕特农神庙地势高，墙壁又坚固无比，就用它作火药库。这年9月26日，威尼斯人攻城，向火药库开炮，结果一炮击中帕特农神庙。

没了火药的土耳其人终于投降，威尼斯人看到帕特农神庙西面山墙上的海神波塞冬雕像挺不错，就想把它当战利品运回去，但刚拆下来，那些工人们一个不小心，雕像从他们手里往大地扑去，摔得粉身。

到了19世纪，英国人埃尔金来到雅典，他是掠夺文物的老手，把最后几块好点的雕刻全部拆走，它们至今还在大英博物馆，被称为"埃尔金石像"。

不久希腊爆发了独立战争，战争持续了8年。参加这场战争的除了希腊人，还有一个著名的英国人拜伦勋爵，最后死在希腊人的军营中，他写过一首最美的诗篇《哀希腊》。

最后，1832年，希腊人终于在被外族统治2000多年后重获独立与自由。

此时，雅典卫城已成废墟。

现在，登上阿克罗波利斯山，能看到的是帕特农神庙残余的庞大柱廊，虽然里面已经空空如也，但仍然可以感受到她当初的美丽，就像从古希腊的传说中可以神会海伦的美貌一样。

离开雅典，下一站要去的是希腊北部从雅典往北的名胜古迹。

北希腊

希腊北部第一个要去的地方是萨洛尼卡。

萨洛尼卡位于希腊北部像伸出的三根手指头的卡启第吉半岛西北端，南面是一个小海湾，叫塞尔迈湾，北面则是两个小平原，是希腊的鱼米之乡。萨洛尼卡工农业都比较发达。

萨洛尼卡是雅典的第二大城市和第二大港口。它也是一座古城，建城至今已经超过2000年。与希腊许多早已经湮没在萋萋荒草丛中的古城不同，萨洛尼卡如今还是一座大城，从过去到现在一直富庶繁荣。

直到20世纪初萨洛尼卡才成为希腊的一部分，此前它有过许多主人，如保加利亚人、诺曼底人、威尼斯人等，东罗马帝国和奥斯曼土耳其帝国曾长期统治它，在这里还曾经生活过大量犹太人。

在萨洛尼卡有大量古希腊的、威尼斯式的、拜占庭式的古建筑最主要的古建筑是一段用石头和砖块砌成的城墙，长约4千米。城墙最高的地方有10米，宽约2.5米。上面建有40座雕楼，位于东南角上特里格尼翁雕楼和东北角的白色雕楼保存得相当完好。城墙与雕楼大部分已经有1500多年的历史，属于罗马帝国晚期建筑，还有一部分建于拜占庭和奥斯曼土耳其时代。不同时期的建筑风格交错在一起，更增添了它的魅力。

城里最有趣的是一间浴室，它并不大，由门厅直接进去就是左右分列的两个穹顶热浴池。它了不起的地方在于它的浴池下面烧了火，暖气通过特别的地下循环系统进入上面的房间，使之温暖宜人。

浴室建于13世纪末,直到1941年还在使用。

萨洛尼卡这些古建筑保存得相当好,被联合国教科文组织整体列为世界文化与自然遗产。

萨洛尼卡还有亚里士多德大学,这所大学的哲学、神学、考古学等专业在世界上都很有名,校园里边的建筑也很美。

这一带还有著名的温泉关,它位于雅典西北,距雅典130多千米。温泉关左边是高耸的卡利兹罗蒙山,右边是茫茫的爱琴海,两者之间只有一条十分狭窄的通道,自古就是兵家必争之地。现在还可以看到列奥尼达简陋的坟墓和一块纪念当年斯巴达人英勇事迹的碑,由青铜和大理石筑成。

在色萨利盆地东北面,高耸的群峰之中,有一座奥林匹斯山。它位于北纬40°、东经22.5°附近,往东距塞尔迈湾不远,与萨洛尼卡遥遥相对,海拔近3000米,是全希腊最高峰。

"奥林匹斯"的希腊语意为"发光",前面在讲古希腊的历史、文学与哲学时,曾多次提到过这座山,足以说明它在古希腊的地位。传说它乃是众神之居所,与古希神话息息相关,而古希腊神话对于古希腊文学、哲学与历史等的意义不言而喻。

为什么古希腊人认为奥林匹斯山是众神的居所呢?一是因为它是全希腊的最高峰,是众神理想的居所。二是因为这座山确实看起来也适合神仙居住。神的一大特点是神秘,而这正是奥林匹斯山的特点:它的山顶终年积雪,山上一年四季云雾缭绕,气候变幻莫测,显得十分神秘。

德尔斐在古希腊非常有名,因为这里有著名的阿波罗神庙,它的门楣上刻着一句不朽的铭文——"人啊,你要认识自己!"

其实阿波罗神庙在古希腊有许多座,德尔斐是其中最重要最著名的,是阿波罗发布神谕的地方。它位于希腊的福基斯地区,东距雅典

100 多千米，往南 10 多千米就是大海，它周围的山叫帕尔纳索斯山，是文艺女神缪斯的香闺所在。

古希腊人有一个观念，认为德尔斐是世界的中心。据说有一次宙斯放出两只雄鹰，分别从东西方起飞，宙斯使它们都朝世界的中心飞去，结果它们相会于德尔斐，希腊人便在那里放了一块巨石，名叫"脐石"，意即此处乃全世界的中心。

还有一个传说称德尔斐的神谕本来是由大地女神盖亚发布的，神庙则由她的孩子——一条叫皮同的巨蟒守卫着，后来阿波罗杀了皮同，夺了神庙，并在这里发布他著名的神谕。

据现在的考古发掘显示，德尔斐从迈锡尼时代起就已有人居住。让德尔斐名声大噪的是公元前 582 年在这里举办了"泛希腊皮同竞技大会"，此后每 4 年都在这里举行一次。

这时的希腊，下至普通公民的日常生活，上至国家大事，人们都要来向阿波罗问谶，德尔斐神谕的影响遍及整个希腊。

后来，随着基督教的传播，作为异教圣殿的德尔斐日渐式微，最终沦为帕尔纳索斯山陡峭山坡上的废墟。

来到德尔斐，四周高山怀抱，中间一座稍矮些的高山的平顶之上，有一个用大石头砌成的阔大的圆圈，中间又砌了一个圈。原来想必都是高耸而庄严的，如今剩下的圆圈只是底座。在它们的旁边有三根巨大的石柱，高高地矗立在那里，上面横亘着三层紧叠在一起的石梁。2600 多年前它们就已经叠在那里，至今屹立不倒。想到它们原来是何等宏大的规模，结果却只余下这断壁残垣，不禁令人惋惜。

距雅典东北不远还有马拉松，位于平坦的马拉松平原，现在这里是一个宁静的小镇，但依然可以看到埋葬战死的雅典人的小丘。

离开了雅典之北的希腊，现在我们往南，去看看伯罗奔尼撒半岛。

伯罗奔尼撒半岛

伯罗奔尼撒半岛虽然不大，上面的名胜古迹可不少，如科林斯、迈锡尼、奥林匹亚、梯林斯、斯巴达等。

科林斯在古代希腊是一座非常著名的城市，也许仅次于斯巴达和雅典。它位于伯罗奔尼撒半岛东北面，旁边就是著名的科林斯地峡，从地峡过去往东不到 100 千米就是雅典。

科林斯坐落在一个海拔不到百米的台地上，但这里也是通向伯罗奔尼撒的咽喉要道，无论从伯罗奔尼撒半岛进入北面的希腊中部还是从北面的希腊中部南下伯罗奔尼撒半岛，都要经过它，因此科林斯自古就是战略以及通商的要地，远在公元前 3000 年就已有人定居。后来科林斯城邦通过扩张占有了爱琴海中不少岛屿，一度成为地中海西部霸主和贸易中枢。

公元前 6 世纪，一个叫佩里安德的暴君统治科林斯，他在科林斯地峡两边的两个海湾之间修了一条石路，这条路不是供人走的，而是供船走的。原来聪明的佩里安德将石路修整得很平滑，又派了许多人把船只在东边的科林西亚湾和西边的萨罗尼科斯湾之间拖来拖去，省掉了绕行整个伯罗奔尼撒半岛的艰苦航程。他由此获得的拖船费兼过路费之多可想而知。此时科林斯在希腊的地位甚至高于雅典，直到公元前 6 世纪下半叶，雅典才在航海和商业方面超过了科林斯。

后来，科林斯和雅典之间发生了激烈的竞争，经常引发危机。希波战争后，科林斯在伯罗奔尼撒战争中与斯巴达人结盟，后来它又反过来与其他城邦联合打败了斯巴达人。不过这时的科林斯并非军事上十分强大的城邦，只是仗着它优越的地理位置罢了。

公元前 338 年，科林斯被马其顿国王腓力二世压服，失去了独立，从此成为马其顿人忠实的同盟者。又过了 200 多年，由于反对罗马，科林斯被罗马人毁灭。直到百年之后才被重建，重建者便是伟大的凯撒。

成为罗马人属地后，科林斯又繁荣起来，繁荣期持续了整个罗马时代和几乎整个中世纪。罗马帝国消亡后，科林斯作为希腊的一部分被新兴的奥斯曼土耳其帝国征服。希腊独立后，它已经沦为希腊一个普通的小城。

现代科林斯于 19 世纪得到重建，此前的一场大地震把它几乎夷为平地。现在的科林斯仍然是希腊南北之间的交通枢纽，是伯罗奔尼撒半岛盛产的水果、葡萄干和烟草的大出口港。

科林斯保留着许多古代遗迹，例如阿波罗神庙、古老的剧院、由岩石砌成的音乐厅等。其中阿波罗神庙尤为出名，它位于科林斯中央区的废墟上，保留下了整整 7 根巨大的圆石柱，石柱与其他废墟一起组成了一种神圣感的荒凉。

距科林斯不远还有古希腊另一座名城梯林斯。梯林斯位于像个手掌的伯罗奔尼撒半岛的大拇指与食指之间那条缝隙，从它往北跨过大拇指就是科林斯。它巨大的圆形城墙遗迹如今坐落在一块足有 80 米高的巨岩上，从那里可以眺望蔚蓝的地中海。

科林斯往南不远是古代著名的迈锡尼，四周是肥沃的阿尔戈斯平原，但现在的迈锡尼已经不再是城镇，纯粹是个古迹，那里有著名的迈锡尼狮子门，还有施里曼发掘过的古墓。

奥林匹亚就是古代希腊举办奥运会的地方，也是现代奥运会的祖祠。

从公元前 8 世纪直到公元 4 世纪末，在长达 1200 余年间，希腊人每 4 年在这里进行一次宗教节日活动，其中一个节目叫竞技会：就是那些身体最强壮的人来举行各种竞赛，如标枪、铁饼、跑步、射箭、战车赛等，它们就是现代奥运会的前身。

从 19 世纪开始，各国的考古学家在这里不停地发掘，发掘出了当初举行各项比赛的场地，甚至包括伟大的菲狄亚斯的工作间。那时，每当竞技会举行，雕塑家们都会把获得冠军的人的健美形象用大理石永远保存下来。

这些场所现在经由考古学家们修复，甚至可以继续进行比赛，2004 年雅典奥运会时就有几个项目的比赛在这里举行。

但在奥林匹亚，最宏大、最了不起的建筑不是竞技场，而是宙斯神庙。

这座宙斯神庙建于公元前 5 世纪，长 60 多米，宽近 30 米，围绕它的柱子是典型的多利亚式，高达 10 米，下面的直径有 2 米多，上面稍微小点，每根柱子上有 20 条凹槽。除了这些堂皇威严的柱子，神庙上还有许多雕刻，里面曾经放着由古希腊最伟大的雕刻家菲迪亚斯制作的宙斯神像。

宙斯神像，通体用黄金和象牙制作，呈坐姿，右手托着胜利女神像，左手持权杖，壮美得令人肃然起敬。

奥林匹亚位于伯罗奔尼撒半岛的西部。往西 10 多千米就是伊奥尼亚海的东岸。

伯罗奔尼撒半岛四周有一些小型平原。这些平原中有一个叫拉哥尼亚的平原，位于半岛南部，在这里的一条小河边有个地方叫斯巴达。昔日与雅典争雄的斯巴达如今只是茫茫平原上的一个不起眼的小城镇，人口只有一万多。

此外，伯罗奔尼撒半岛还有许多其他值得一看的名胜，如巴赛有保存得非常好的神殿，埃皮达鲁斯有建于公元前 4 世纪、至今仍在使用的剧院……

第十八章

现代希腊

希腊人的种族、教育与语言

现代希腊的行政区划包括13个行政省（区），下面又分为54个州。

希腊总人口近1100万，每平方千米约80人，人口密度不大。

希腊人的出生率与死亡率都比较高，接近千分之十，这样一来，人口自然增长率就不是很高，约千分之四。希腊人的平均寿命相当长，男的75岁，女的达80岁。

希腊的人口分布十分不均，全国大部分地区人烟稀少，少数土地肥沃的地方如伊奥尼亚群岛、塞萨洛尼基盆地和雅典一带人口则十分稠密，且集中在几个大城市里，其中塞萨洛尼基和雅典两个城市的人口加起来就超过了全国总人口的1/3。

由于希腊的经济在欧洲算是比较落后的，因此每年都有不少人移民到其他经济发达的欧洲国家和美国、加拿大等。

虽然经济欠发达，但希腊人大多能受到良好的教育。原因主要有两个：一是希腊人传统上就很重视教育，把教育看作完善人生与恢复昔日荣光的最重要工具。二是政府十分重视教育，为此不惜重金。在希腊，上小学与中学是免费的，上大学则实行奖学金制度，绝大多数贫困学生都能够申请到足够的奖学金读完大学。

这样的结果是希腊虽然经济比西欧发达国家要落后许多，但完成中等教育的人数比例甚至高于发达的西欧国家，能上大学的人的比例也不低于发达国家。

希腊全国共有24所大学，著名的有雅典大学、塞萨洛尼基的萨洛尼卡大学、克里特岛上的克里特大学、亚里士多德大学等。

除以上政治含义的希腊人，即希腊公民外，"希腊人"另有一个很重要的含义，就是种族上的希腊人。

种族上的希腊人就是那些缔造了西方文明的古希腊人的后裔，这些希腊人占现在希腊总人口的绝大部分，约95%。除种族上的希腊人外，在希腊还有许多其他少数民族，人数最多的是土耳其人，其他还有很少的马其顿人、罗马尼亚人、阿尔巴尼亚人等，这些人都是白种人，属欧罗巴人种。

希腊人之所以在希腊占有如此高的比例，很大程度上是人为造成的结果。其中影响最大的一次是1923年希腊同土耳其签订了条约，把境内的60多万土耳其人送回土耳其，而把土耳其境内的150多万希腊人接了回来，这样才造成了今天如此"纯粹"的希腊人之国。

希腊人大多信仰属于基督教的希腊正教，因此希腊正教也是希腊的主要宗教。

其实，在任何一个国家，民族、宗教与语言大多是一致的，例如，同一个民族的人大多说同一种语言并且信仰同一宗教，特别是民族与语言更是密不可分，因为说同一种语言乃是成为同一个民族的基本标准之一。虽然这个标准不是绝对的，但基本如此，例如，汉族人说的是汉语，希腊人说的是希腊语。

希腊语是希腊的主要语言，即使非希腊人，不会说希腊语，一般至少认识几个希腊字母，如 $\alpha \beta \gamma \delta \varepsilon \zeta \omega \phi \upsilon \pi \rho \xi \lambda \theta$ 等，这些都是数理化等科学领域常用的字母。希腊语共有 24 个字母，其中 7 个是元音。

希腊语是一种非常古老的语言，远在公元前 14 世纪就已经出现，是现代西方通行的几乎所有语言，如英语、俄语、法语、德语等的老祖宗。

希腊语的发展大致经过了四个阶段，即古代希腊语、古希腊共同语、拜占庭希腊语、现代希腊语。其中古代希腊语又可以分成迈锡尼希腊语和古典标准希腊语两种。古代希腊人中，迈锡尼人，即前去征讨特洛伊的古希腊人，所说的希腊语就是古代希腊语中的迈锡尼希腊语；古希腊伟大的哲学家，例如泰勒斯和柏拉图，说的则是古代希腊语中的古典标准希腊语；亚历山大大帝说的则是古希腊共同语；东罗马帝国的人说的是拜占庭希腊语；此后的希腊人说的就是现代希腊语。

但这可不等于说现代希腊人讲的完全是同样的语言，相反，现在希腊人所说的现代希腊语又可以分为颇不相同的三大类：第一类是各种方言，这些希腊语的方言彼此之间差别很大，听起来简直像不同的语言。第二类是通俗希腊语，它通行于全希腊，几乎每个希腊人都懂。第三类则是"纯净希腊语"，它是由希腊的思想家们本着弘扬优秀的古希腊文化而提倡的希腊语，主要用于科学出版物。

这种情形颇似于中国的现代汉语。现代汉语也有各种方言，如广东话、山东话、湖南话、北京话等，它们之间的区别也很大。汉语有普通话，全国各地的人都听得懂，这就类似于通俗希腊语。

相对落后的经济

古代希腊虽然一度是欧洲经济最发达的国家,但自那以后便不复昔日的辉煌。在政治上,自从公元前388年马其顿国王腓力二世在喀罗尼亚战役中大败雅典和底比斯联军后,希腊就再也没有独立过了。此后的2000多年间,希腊先后被马其顿人、罗马人、土耳其人统治,直到1832年才正式独立,建立了现代的希腊国家。

现在,在经济上,比起欧洲发达国家,希腊经济发展较慢,目前其年人均国民生产总值约20000美元。

在希腊的经济结构中,工业占主导地位,但农业的地位也很重要。

希腊土地并不肥沃,而且成片耕地很少,耕地主要分布在那些分散的小山间盆地里,能够得到充分灌溉的土地还不到耕地总面积的1/4,这种种因素对农业发展十分不利,但希腊传统上还是农业国家。现在当然有所不同,只有小部分人从事农业,农业产值也只占国民生产总值的一小部分。

希腊比较有特色的农业部门是果树栽培,因为希腊的土质种粮食作物不大合适,种果树却很好,栽种最为广泛的果类是橄榄和葡萄。

还在"荷马时代"希腊人就爱上了橄榄树,把它当作和平的象征,橄榄树又叫油橄榄,是一年四季常绿的树,它的果子就像油菜籽、花生或者芝麻一样能榨出香喷喷的油,欧洲人平常做菜就用这种油。橄榄树全身都是宝,不但所产的橄榄榨出的橄榄油品质非常高,很利于健康,它的树干也是优良的木材。

除橄榄树外,希腊人种的最多的是葡萄。葡萄主要用来酿酒,其他的用来吃或晒成葡萄干。希腊的葡萄酒产量虽大,但由于希腊人爱喝酒,所以并没有多少供出口。

希腊的畜牧业主要是养羊。希腊人很早以前就开始养羊了，它的土地有四成是牧场，主要分布在那些小山坡上，这些山大多是石头山，上面只有一些稀稀拉拉的青草。

说起希腊的矿产资源，它可以引为自傲的只有一样，就是大理石。希腊的大理石自古以来就享誉西方世界，不过这享誉最主要的原因不是它的储量与质量，而是它雕刻出来的作品。古希腊伟大的艺术家，如菲狄亚斯、波利克托斯、米隆等，他们的大理石雕像精美得无与伦比，冠绝古今。

这也说明，希腊人能够取得这些伟大的艺术成就，离不开上好的天然资源。

看到这里，大家也许会感到奇怪：既然希腊的农业、矿业、牧业等都不怎么发达，那希腊人靠什么生活呢？答案是靠旅游业。

作为文明古国，希腊的名胜古迹可谓数不胜数、美不胜收，从北面的众神之家奥林匹斯山到南面的斯巴达，从西面的奥林匹亚到东面的雅典，再加上爱琴海诸岛，像克里特岛、罗德岛，还有毕达哥拉斯的故乡萨摩斯岛……到处都是享誉世界的名胜古迹。无论是建筑还是雕塑，都美轮美奂，令人叹为观止，每年都吸引了大量像朝圣般蜂拥而至的游客，使希腊成为世界上最受游客青睐的国家之一，为希腊带来了巨额外汇，也使旅游业成为希腊的经济支柱。

为了方便游客观光，希腊人努力发展运输业，并重点发展了海洋运输业，因为希腊到处近海，全国隔海最远的地方也不到200千米。同时，希腊人拥有世界上规模最大的船队。

希腊的政治

介绍完希腊的经济，再简单介绍一下希腊的政治。看看希腊现在有一个什么样的政府，实行的是什么样的政治制度。

希腊是多党制的代议制国家，议会是国家的立法机构，且是一院制的，没有上下两院或者参众两院之分，共有300名议员，议员由人民直接选举产生。哪个党在议会中赢得最多的席位就由哪个党的领袖担任总理，负责管理国家的内政外交等。由议会选举出一个总统，希腊的总统并没有实权，是名义上的国家元首。司法权隶属于法院，最高司法权属最高法院，另外政府也拥有相当大的司法权。

至此有关希腊的一切似乎已经介绍完，希望这些知识可以对大家了解希腊的文明史有所帮助。